普通化妆品备案指引
（案例版）

主 编 路 勇 王钢力

副主编 余振喜 何国山

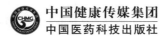

中国健康传媒集团

中国医药科技出版社

内 容 提 要

本书由中国食品药品检定研究院依据《化妆品监督管理条例》《化妆品注册备案管理办法》《化妆品注册备案资料管理规定》等法律、法规、规章、强制性国家标准、技术规范等要求组织编写，以备案人备案资料填报模块划分，基于 2017—2023 年全国普通化妆品备案质量督查工作以及中国食品药品检定研究院和各省市普通化妆品技术核查工作中发现的典型问题，分为备案资料一般要求、备案申请表、产品名称及命名依据、产品配方、产品执行的标准、产品标签样稿、产品检验报告和产品安全评估资料等八个部分，从具体案例引入，剖析案例中与现行法律法规不相符之处，以指导备案人规范填报，进一步统一备案化妆品技术核查尺度。

本书可供化妆品从业人员参考阅读。

图书在版编目（CIP）数据

普通化妆品备案指引：案例版/路勇，王钢力主编．

北京：中国医药科技出版社，2025.1. -- ISBN 978-7 -5214-5128-3

Ⅰ. D922.164

中国国家版本馆 CIP 数据核字第 2025RN5550 号

美术编辑　陈君杞
版式设计　友全图文

出版　**中国健康传媒集团**｜中国医药科技出版社
地址　北京市海淀区文慧园北路甲 22 号
邮编　100082
电话　发行：010-62227427　邮购：010-62236938
网址　www.cmstp.com
规格　710 × 1000 mm $^1/_{16}$
印张　13 $^1/_2$
字数　219 千字
版次　2025 年 1 月第 1 版
印次　2025 年 1 月第 1 次印刷
印刷　大厂回族自治县彩虹印刷有限公司
经销　全国各地新华书店
书号　ISBN 978-7-5214-5128-3
定价　**55.00 元**

获取新书信息、投稿、为图书纠错，请扫码联系我们。

普通化妆品备案指引(案例版)
编 委 会

前　言

2021年1月1日，《化妆品监督管理条例》（以下简称《条例》）正式实施，标志着我国化妆品监管工作翻开崭新一页，使"美丽"行业更加有序，迈向高质量发展的新时代。《条例》规定，化妆品根据风险程度分为普通化妆品和特殊化妆品，分别实施备案和注册管理。迄今，我国普通化妆品有效备案产品总数达到170万件以上，占全国化妆品市场份额的98%以上。可见普通化妆品备案资料质量是影响化妆品市场质量和安全的关键，且直接影响我国化妆品的整体发展水平。《条例》规定国产普通化妆品备案管理工作分属各省、自治区、直辖市药品监督管理部门管理。其中进口普通化妆品备案工作由国务院药品监督管理部门管理，目前备案资料的受理和技术核查受区域影响以及对化妆品法规理解不同等，存在尺度不统一的现象。

为提升普通化妆品备案工作质量，促进普通化妆品备案资料受理和技术核查工作标准趋于统一，指导化妆品备案人规范、准确填报备案资料，中国食品药品检定研究院依据《条例》《化妆品注册备案管理办法》《化妆品注册备案资料管理规定》《化妆品安全评估技术导则》《化妆品安全技术规范》《化妆品注册和备案检验工作规范》《化妆品标签管理办法》等法律、法规、规章、强制性国家标准、技术规范等要求，组织编写了《普通化妆品备案指引（案例版）》。

本书以备案人备案资料填报模块划分，基于2017—2023年全国普通化妆品备案质量督查工作以及中国食品药品检定研究院和各省市普通化妆品技术核查工作中发现的典型问题，分为备案资料一般要求、备案申请表、产品名称及命名依据、产品配方、产品执行的标准、产品标签样稿、产品检验报告和产品安全评估资料等八部分，从具体案例引入，剖析案例中与现行法律法规不相符之处，使读者将法规条款与实际操作相结合，加深读者对化妆品法规条款的理解，指导备案人规范填报，进一步统一备案化妆品技术核查尺度。

希望通过本书在化妆品行业的应用和推广，结合监管实务，适用于监管队伍，更好地提升监管效能，确保顺利完成"规范化妆品生产经营活动，加强化妆品监督管理，保证化妆品质量安全，保障消费者健康，促进化妆品产业健康发展"的监管目标，并提升化妆品行业相关人员的专业化水平，助推我国化妆品行业高质量发展。

本书在现行法规、技术标准以及当前科学技术认知水平下编写完成，随着相关法律法规、技术标准以及科学技术的不断发展，相关内容可能适时调整。

本书在编写过程中得到了有关部门领导和专家的大力支持和辛勤付出，在此一并表示衷心的感谢！

由于时间、水平和经验有限，难免存在不足及内容疏漏之处，敬请广大读者批评指正，以期在今后进一步修订完善和再版时参考。

编　者

2024年12月

目 录

第一章　绪论

一、普通化妆品备案事项概述 / 1

二、普通化妆品备案职责 / 2

三、普通化妆品备案流程 / 5

四、普通化妆品备案系统咨询方式 / 31

第二章　备案资料一般要求

一、备案产品的基本范畴要求 / 33

二、备案资料应遵守社会公序良俗 / 36

三、备案资料的提交要求 / 37

四、备案资料的形式要求 / 46

五、备案资料的用章要求 / 47

六、专为中国市场设计销售包装进口化妆品的备案资料提交要求 / 50

七、仅供出口化妆品的备案资料提交要求 / 51

第三章　备案申请表

一、分类编码应当规范填报 / 52

二、备案申请表中检验报告号应当规范填写 / 65

三、备案申请表中应提交相关证明材料 / 67

第四章　产品名称及命名依据

一、产品名称命名依据应按要求说明具体含义 / 70

二、产品名称与产品命名依据中信息应一致 / 72

三、产品中文名称中商标名使用应当规范 / 74

四、产品名称命名与产品配方组成应相符 / 75

五、产品名称涉及虚假或引人误解内容的情形 / 79

第五章　产品配方

一、产品配方应完整填报相关信息 / 82

二、产品配方组分应符合《化妆品安全技术规范》要求 / 88

三、产品配方中应使用已注册、备案的新原料 / 94

四、产品配方中原料填报使用目的与产品功效宣称应相符 / 95

五、配合使用或者不可拆分化妆品填报要求 / 96

第六章　产品执行的标准

一、生产工艺简述填报要求 / 100

二、感官指标填报要求 / 103

三、微生物和理化指标填报要求 / 104

四、使用方法填报要求 / 109

五、安全警示用语填报要求 / 110

六、使用期限填报要求 / 113

第七章　产品标签样稿

一、标签不得宣称涉医涉药情形 / 114

二、不得涉及虚假或者引人误解的情形 / 120

三、不得涉及编造虚假信息和贬低其他合法产品的情形 / 123

四、不得使用尚未被科学界广泛接受的术语、机理编造概念的
　　情形 / 124

五、不得利用国家机关、事业单位、医疗机构、公益性机构等
　　情形 / 124

六、宣称原料功能不得暗示产品功效的情形 / 125

七、儿童化妆品标识标注要求 / 126

八、标签宣称产生歧义的情形 / 127

九、产品标签未按要求填报的情形 / 131

十、净含量标识要求 / 147

十一、创新用语标注要求 / 149

十二、宣称超出化妆品范畴的情形 / 149

第八章　产品检验报告

一、检验报告要素应符合法规要求 / 151

二、检验报告送检应符合法规要求 / 158

三、检验报告项目应按法规要求完整检验 / 160

四、检验结果应符合技术标准要求 / 169

五、多配方产品检验情形 / 170

六、补充检验报告应符合法规要求 / 171

第九章　产品安全评估资料

一、安全评估报告形式应当规范 / 173

二、安全评估人员资质应符合要求 / 181

三、配方成分安全评估应符合要求 / 182

四、风险物质识别和评估应符合要求 / 192

五、儿童及婴幼儿产品应有配方设计原则 / 201

第一章 绪 论

随着国民经济的发展和人民生活水平的提高，化妆品已从过去的
"奢侈品"成为了满足人们日常需求的必需消费品。为适应我国化妆品
行业发展，国家对特殊化妆品实行注册管理，对普通化妆品实行备案管
理。《化妆品注册备案管理办法》明确，普通化妆品上市或者进口前，
备案人按照国家药品监督管理局的要求通过信息服务平台提交备案资料
后即完成备案。对于化妆品备案人和生产企业，了解化妆品备案的要求和
程序，按照相关要求规范填报备案资料，是产品快速合法上市的关键因素。

一、普通化妆品备案事项概述

《化妆品注册备案管理办法》明确，普通化妆品上市或者进口前，备案
人按照国家药品监督管理局的要求通过信息服务平台提交备案资料后即完成
备案。普通化妆品备案为告知性备案，上市前不再设置任何的审查环节，备
案人在信息服务平台提交备案资料完成备案即可将产品投放市场。

1.**事项名称** 普通化妆品备案。

2.**事项类型** 告知性备案。

3.**事项办理方式** 线上办理。办理网址为https://zwfw.nmpa.gov.cn/。

4.**法定办结时限** 提交资料即完成备案。

5.**事项结果公示** 省级以上人民政府药品监督管理部门自普通化妆品备
案人提交备案资料之日起5个工作日内向社会公布备案有关信息。查询网址：
https://hzpba.nmpa.gov.cn/gccx/（国产普通化妆品）；https://hzpba.nmpa.gov.cn/
jkcx/（进口普通化妆品）。

6.**法规规章、规范性文件及技术文件**

《化妆品监督管理条例》（中华人民共和国国务院令第727号）

《化妆品注册备案管理办法》（国家市场监督管理总局令第35号）

《化妆品注册备案资料管理规定》（国家药监局公告2021年第32号）

《儿童化妆品监督管理规定》（国家药监局公告2021年第123号）

《化妆品标签管理办法》（国家药监局公告2021年第77号）

《化妆品分类规则和分类目录》（国家药监局公告2021年第49号）

《化妆品安全评估技术导则（2021年版）》（国家药监局公告2021年第51号）

《化妆品功效宣称评价规范》（国家药监局公告2021年第50号）

《化妆品安全技术规范（2015年版）》（国家食药总局公告2015年第268号）

《已使用化妆品原料目录（2021年版）》（国家药监局公告2021年第62号）

国家药监局关于实施《化妆品注册备案资料管理规定》有关事项的公告（2021年第35号）

关于优化普通化妆品备案检验管理措施有关事宜的公告（2023年第13号）

国家药监局关于发布优化化妆品安全评估管理若干措施的公告（2024年第50号）

《儿童化妆品技术指导原则》（中检院通告2023年第1号）

《化妆品配方填报技术指导原则》（中检院通告2023年第2号）

《化妆品原料安全信息填报技术指导原则》（中检院通告2023年第3号）

《化妆品安全评估资料提交指南》

《化妆品风险物质识别与评估技术指导原则》

《已上市产品原料使用信息》

《国际权威化妆品安全评估数据索引》

《毒理学关注阈值（TTC）方法应用技术指南》

《交叉参照（Read-across）方法应用技术指南》

《化妆品原料数据使用指南》

《化妆品原料急性吸入毒性试验研究技术指导原则》

《化妆品原料急性吸入毒性试验 急性毒性分类法试验研究技术指导原则》

《化妆品原料28天/90天重复剂量吸入毒性试验技术指导原则》

《化妆品生殖发育毒性试验研究技术指导原则》

《化妆品原料免疫毒性试验研究技术指导原则》

二、普通化妆品备案职责

2008年国务院机构改革方案确定，化妆品卫生监督管理职责由卫生部划入国家食品药品监督管理局。2013年国务院机构改革和职能转变方案，组建国家食品药品监督管理总局，将原国家质量监督检验检疫总局化妆品生产行政许可、强制检验的职责，划入国家食品药品监督管理总局。2018年国务院机构改革成立国家药品监督管理局，《国家药品监督管理局职能配置、内设机构和人员编制规定》明确国家药品监督管理局负责化妆品安全监督管理；化妆品标准管理；化妆品注册管理；化妆品质量管理；化妆品上市后风险管理，组织开展化妆品不良反应的监测、评价和处置工作，依法承担化妆品安全应急管理工作；负责组织指导化妆品监督检查，制定检查制度，依法查处化妆品注册环节的违法行为，依职责组织指导查处生产环节的违法行为；负责化妆品监督管理领域对外交流与合作，参与相关国际监管规则和标准的制定。

《化妆品注册备案管理办法》明确：国家药品监督管理局负责特殊化妆品、进口普通化妆品、化妆品新原料的注册和备案管理，并指导监督省、自治区、直辖市药品监督管理部门承担的化妆品备案相关工作。国家药品监督管理局可以委托具备相应能力的省、自治区、直辖市药品监督管理部门实施进口普通化妆品备案管理工作。国家药品监督管理局化妆品技术审评机构（以下简称技术审评机构）负责特殊化妆品、化妆品新原料注册的技术审评工作，进口普通化妆品、化妆品新原料备案后的资料技术核查工作，以及化妆品新原料使用和安全情况报告的评估工作。

关于普通化妆品备案管理则规定省、自治区、直辖市药品监督管理部门负责本行政区域内国产普通化妆品备案管理工作，在委托范围内以国家药品监督管理局的名义实施进口普通化妆品备案管理工作，并协助开展特殊化妆品注册现场核查等工作。

（一）进口普通化妆品备案管理部门

国家药品监督管理局负责进口普通化妆品备案管理，并指导监督省、自治区、直辖市药品监督管理部门承担的化妆品备案相关工作，中国食品药品检定研究院负责进口普通化妆品备案后的资料技术核查工作。

当前国家药品监督管理局已委托具备相应能力的省、自治区、直辖市药品监督管理部门实施进口普通化妆品备案管理工作（表1-1）。

表1-1　国家药监局委托进口普通化妆品备案管理情况

序号	省、自治区、直辖市	管理部门	技术机构
1	北京市	北京市药品监督管理局	北京市化妆品审评检查中心
2	天津市	天津市药品监督管理局	天津市药品化妆品审评查验中心
3	河北省	河北省药品监督管理局	河北省药品审评中心
4	辽宁省	辽宁省药品监督管理局	辽宁省药品审评查验中心
5	吉林省	吉林省药品监督管理局	吉林省药品审评中心
6	黑龙江省	黑龙江省药品监督管理局	黑龙江省药品审核查验中心
7	上海市	上海市药品监督管理局	上海市医疗器械化妆品审评核查中心
8	江苏省	江苏省药品监督管理局	江苏省药品监督管理局审评中心
9	浙江省	浙江省药品监督管理局	浙江省药品化妆品审评中心
10	福建省	福建省药品监督管理局	福建省药品审评与监测评价中心
11	山东省	山东省药品监督管理局	山东省食品药品审评查验中心
12	河南省	河南省药品监督管理局	河南省药品审评查验中心
13	湖北省	湖北省药品监督管理局	湖北省药品监督管理局审评中心
14	湖南省	湖南省药品监督管理局	湖南省药品审评与不良反应监测中心
15	广东省	广东省药品监督管理局	广东省药品监督管理局审评认证中心
16	海南省	海南省药品监督管理局	海南省药品查验中心
17	重庆市	重庆市药品监督管理局	重庆市药品技术审评查验中心
18	四川省	四川省药品监督管理局	四川省食品药品审查评价及安全监测中心
19	陕西省	陕西省药品监督管理局	陕西省药品技术审评中心
20	新疆维吾尔自治区	新疆维吾尔自治区药品监督管理局	新疆维吾尔自治区药品审评查验中心（新疆维吾尔自治区疫苗检查中心）

（二）国产普通化妆品备案管理部门

省、自治区、直辖市药品监督管理部门负责本行政区域内国产普通化妆品备案管理工作。部分省、自治区、直辖市药品监督管理部门委托具备相应能力的市、区药品监督管理部门实施国产普通化妆品备案管理工作，如上海市、浙江省、江苏省、广东省、福建省等。

三、普通化妆品备案流程

为贯彻落实党中央、国务院关于深入推进"放管服"改革的重大部署，保障《化妆品监督管理条例》《化妆品注册备案管理办法》落地实施，加强对化妆品注册备案工作管理，自2021年4月1日起，化妆品注册备案信息服务平台上线，并开放企业信息资料管理模块，2021年5月1日起，开放普通化妆品备案管理和特殊化妆品注册管理模块。

普通化妆品备案流程如下（图1-1）。①注册国家药监局企业账号：化妆品备案人、境内责任人和生产企业需首先登录国家药监局网上办事大厅（网址：https://zwfw.nmpa.gov.cn/）注册账号。②关联化妆品注册备案信息服务平台（以下简称服务平台）：在国家药监局网上办事大厅注册企业账号后关联服务平台。③申请化妆品角色权限：根据企业备案角色权限需要在服务平台"企业信息资料管理"系统申请相应权限，一般角色权限分为注册人/备案人、境内责任人和生产企业。④普通化妆品备案资料填报及提交：申请相应化妆品角色权限后，进入服务平台"普通化妆品（牙膏）备案管理"系统进行普通化妆品备案资料填报及提交。

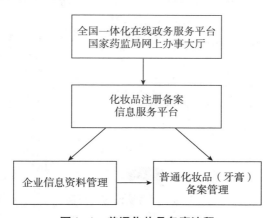

图1-1 普通化妆品备案流程

（一）注册国家药监局企业账号

登录国家药监局网上办事大厅（网址：https://zwfw.nmpa.gov.cn/）（图1-2）。

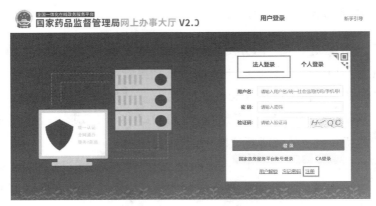

图1-2 国家药监局网上办事大厅法人登录界面

点击"法人登录"，点击下方的"注册"，进入填写认证信息页面（图1-3）。

```
① 填写认证信息          ② 创建用户          ③ 完成注册

      *法人名称:  请输入您的法人名称（企业/事业单位/社会组织名称）
      *法人类型:  请选择法人类型                                    ∨
  *统一社会信用代码:  请输入法人统一社会信用代码
      *法定代表人:  请输入法定代表人姓名
  *法定代表人证件类型:  请选择法定代表人证件类型                      ∨
  *法定代表人证件号码:  请输入法定代表人证件号码
  *法定代表人手机号:  请输入法定代表人手机号(中国大陆手机号)
      *图形验证码:  请输入右侧图形验证码，再获取短信验证码        ᴏᴏᴳᴛ
      *短信验证码:  请输入收到的短信验证码                      获取短信验证码

        ☑ 我已阅读并同意《政务服务平台注册协议》

                        开始认证
```

图1-3 填写认证信息页面

按照提示填写相关法人以及法定代表人的相关信息后，点击【开始认证】，如果信息正确并验证通过，可进入下一步【创建用户】。

注：在这一步验证不通过的，请检查所填写的是否是办理营业执照所使用的法人证件类型、证件号码和有效期。如果证件进行过更换，请填写办理营业执照时证件的有效期，或去企业登记的工商部门更新证件的有效期。法定代表人手机号务必准确填报法人手机号，后续密码找回需通过手机号验证。

在"创建用户"页面（图1-4），按照提示设置用户名、密码即可点击【确认注册】。输入电子邮箱地址并验证通过后可绑定电子邮箱，便于账号找回（此步不绑定邮箱也可以确认注册，成功注册后还可以进行绑定邮箱的操作）（图1-5）。

图1-4　创建用户页面

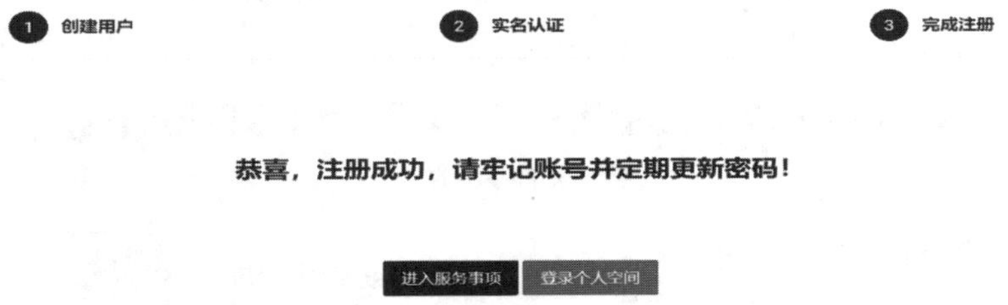

图1-5　完成注册页面

（二）关联化妆品注册备案信息服务平台

通过注册的国家药监局企业账号登录国家药监局网上办事大厅（图1-6）。

图1-6　国家药监局网上办事大厅法人空间页面

登录系统后，点击【账号设置】，进入账号设置维护页面（图1-7）。

图1-7　账号设置维护页面

点击【账号绑定】，选择【化妆品注册备案信息服务平台】，即可创建化妆品注册备案信息服务平台账号。

方式一：创建企业新账号（图1-8）。

注意：使用这种方式创建账号的，经绑定后无法自行解除绑定，并且可能无法与旧注册备案系统进行关联，不可进行后续的历史产品补录工作。如果出现误点的情况，请与系统公司沟通进行解绑。

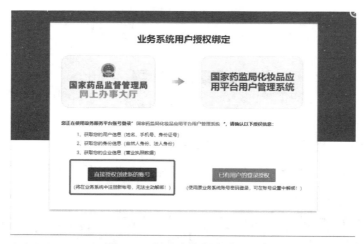

图1-8　创建企业新账号页面

点击【直接授权创建新的账号】，点击【确定】后，提示绑定成功即可完成。

方式二：授权绑定已有账号。

点击【已有用户的登陆授权】（图1-9）。

输入原非特殊用途化妆品备案信息管理系统/进口非特殊用途化妆品备案管理系统/化妆品行政许可网上申报系统(三者选其一即可)的账号密码（图

1-10），提示绑定成功后，即完成授权绑定。

图1-9 授权绑定已有账号页面

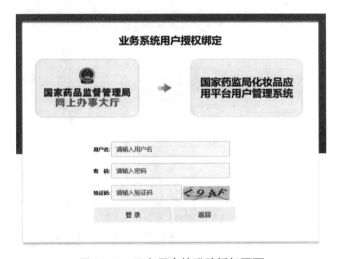

图1-10 已有用户的登陆授权页面

（三）申请化妆品角色权限

☞《化妆品监管管理条例》

第十八条 化妆品注册申请人、备案人应当具备下列条件：

（一）是依法设立的企业或者其他组织；

（二）有与申请注册、进行备案的产品相适应的质量管理体系；

（三）有化妆品不良反应监测与评价能力。

1.申请化妆品角色权限流程图（图1-11）

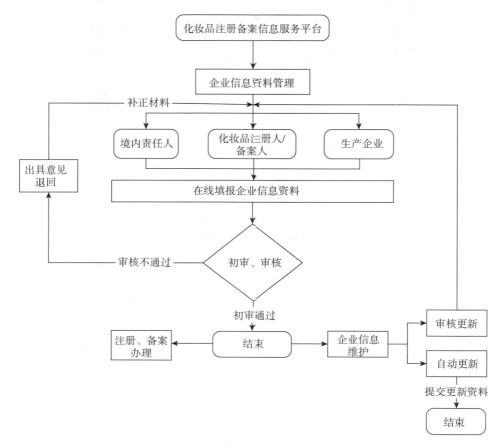

图1-11　申请化妆品角色权限流程图

2.申请化妆品角色权限操作 登录国家药监局网站，点击化妆品（牙膏）信息服务平台，进入企业信息资料管理系统。点击【账号】绑定，然后点击【化妆品注册备案信息服务平台】（注意，不要点击后面的【解除绑定】按钮）（图1-12）。

图1-12 账号绑定登录页面

说明：化妆品注册备案信息服务平台有三个版块（图1-13）。

1.企业信息资料管理 用于填报、维护企业信息，申请注册人、备案人、境内责任人的权限。

2.普通化妆品（牙膏）备案管理 用于办理普通化妆品（牙膏）备案业务。

3.化妆品智慧申报审评 用于办理特殊化妆品注册、化妆品新原料注册和备案业务。

在开展化妆品和化妆品新原料注册备案之前，均应在"企业信息资料管理"板块下填报企业信息，取得相应的权限。

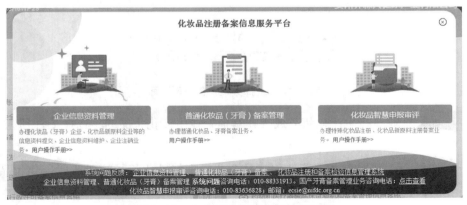

图1-13 企业信息资料管理版块页面

申请化妆品角色权限，点击【企业信息资料管理】。

点击【化妆品用户】（图1-14）。

请选择要切换的用户类型：

图1-14 选择用户类型页面

点击左侧导航栏的【企业信息资料提交】页签下的【企业信息资料提交】，在右侧操作栏点击【新增】（图1-15）。

图1-15 企业信息资料提交页面

化妆品用户的角色类型包含三个：注册人/备案人、境内责任人和生产企业（图1-16）。

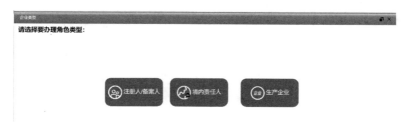

图1-16 选择办理角色类型页面

如果企业自行生产化妆品或委托其他企业生产化妆品的，选择【注册人/备案人】。

如果企业被授权办理境外化妆品企业申报特殊化妆品注册或普通化妆品备案的，选择【境内责任人】。

如果企业仅受其他企业委托加工化妆品，或有出口化妆品业务的，选择【生产企业】。

【注册人备案人权限开通示例】

自行生产化妆品或委托其他企业生产化妆品的，点击【注册人/备案人】（图1-17）。

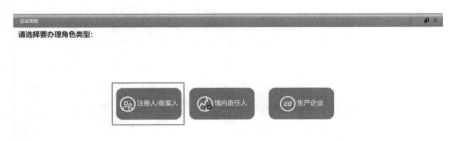

图1-17　选择办理注册人/备案人角色类型页面

进入页面后，首先在上方根据企业具体情况选择对应的生产方式，在后续申请中系统才能按照不同生产方式生成对应的表单供企业填写（图1-18）。

图1-18　注册人/备案人信息表填写页面

注：建议按照企业实际情况，将所有存在的生产方式一次性勾选并提交。

"是否从事自行生产"：有化妆品生产许可证并从事自行生产化妆品情形的企业应选择。

"是否有委托境内生产企业生产"：有委托其他中国境内的有化妆品生产许可证的企业生产化妆品情形的企业应选择。

"是否有委托境外生产企业生产"：有委托中国境外的符合质量管理体系或者生产质量管理规范的企业生产化妆品情形的企业应选择。

按照页面提示填写相关信息并上传质量安全负责人简历后，点击"注册人/备案人信息表"的【生成文件】，可导出《注册人/备案人信息表》（本步骤需在将本页面所有信息填写齐全后操作）。点击"质量管理体系概述"的【下载模板】可下载对应质量管理体系概述的模板进行填写。导出的《注册人/备案人信息表》和填写完毕的《质量管理体系概述》需打印、盖章和扫描为PDF文件后，点击对应的【上传文件】上传PDF文件。信息填写和资料上传完毕后，可点击【下一步】，进入下一步操作。

> 注："住所地址"请按照营业执照标识的企业住所填写，勿删除地址前面的省、市、区信息，否则产品申报时的企业住所会显示不完全。同一人不能在一家以上的化妆品企业任质量安全负责人，如企业的质量安全负责人曾在其他企业任同样职位，在提交申请前确认之前的企业已经更换了质量安全负责人，否则申请无法通过。选择了从事自行生产的，需上传《质量管理体系概述（自行生产）》，选择了委托境内生产企业生产或委托境外生产企业生产的，需上传《质量管理体系概述（委托生产）》；同时存在两种生产方式的，两份《质量管理体系概述》均需上传。

在"不良反应监测和评价体系概述表"页面按照页面要求填写相关信息（图1-19），然后点击"不良反应监测和评价体系概述表"后的【生成文件】，导出填好的表格打印、盖章和扫描为PDF文件后，点击【上传文件】上传PDF文件。

图1-19 不良反应监测和评价体系概述表填写页面

如果仅委托境内生产企业生产的，完成以上信息的填报和材料上传之后，即可点击【提交】，等待审核部门对所提交的资料进行审核。如果存在自行生产、或委托境外生产企业生产的，需点击【下一步】继续操作。

如果选择了有自主生产的行为，需要填写下图的表单，并上传质量安全责任人的简历（图1-20）。

图1-20 生产企业信息表及相关材料填写页面

注意：有自主生产行为的，一定要填写生产许可证编号，并按照生产许可证上的生产地址填写"实际生产场所信息"，有多个生产地址的，按【增加】增加实际生产场所。

完成填写后，点击"自行生产企业信息表"后的【生成文件】导出填好的表格打印、盖章和扫描为PDF文件后，点击【上传文件】上传PDF文件。

确认所有信息填写完成，并上传了质量安全负责人简历、注册人/备案人信息表、不良反应监测和评价体系概述表、自行生产企业信息表后，即可点击【提交】，等待审核部门对所提交的资料进行审核。

注：提交审核之前，请确保页面填写内容与导出的表格一致。如果页面填写内容有修改，一定要重新点击【生成文件】，重新导出表格，并打印、盖章、扫描和上传。

如果选择了有委托境外生产企业生产的信息，会出现"委托生产企业信息表"。

点击【增加】，填写委托的境外生产企业信息（图1-21）。

图1-21　委托生产企业信息表填写页面

按照页面的提示填写委托的境外生产企业信息（图1-22）。填写完毕后，点击"生产企业信息表"后的【生成文件】，导出填好的表格打印、盖章和扫描为PDF文件后，点击【上传文件】上传PDF文件。确认填写和上传的内容正确、一致后即可点击【提交】，回到上级页面（图1-23）。

确认所有信息填写完成，上传了质量安全负责人简历、注册人/备案人信息表、不良反应监测和评价体系概述表后，即可点击【提交】，等待审核部门对所提交的资料进行审核。

图1-22 境外生产企业信息填写页面

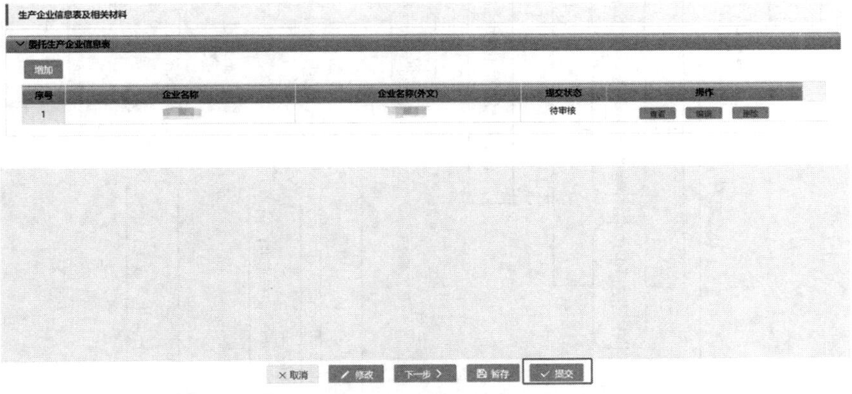

图1-23 生产企业信息表及相关材料提交页面

（四）普通化妆品备案资料填报及提交

按照《化妆品监督管理条例》《化妆品注册备案管理办法》《国家药监局关于实施<化妆品注册备案资料管理规定>有关事项的公告》（2021年第35号）等规定，国产普通化妆品备案资料填报包括了首次备案、备案变更、备案注销、历史产品信息补充、年报等模块。

1.普通化妆品备案资料填报及提交流程图（图1-24）

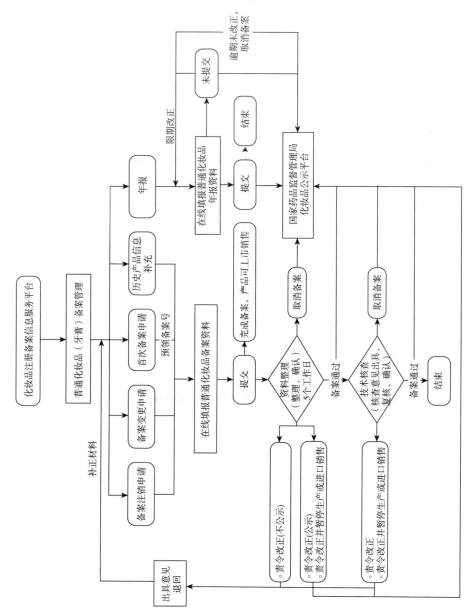

图1-24　普通化妆品备案资料填报及提交流程图

2.普通化妆品备案资料填报及提交操作　登录国家药监局网站，进入普通化妆品（牙膏）备案管理系统（图1-25）。

图1-25 普通化妆品（牙膏）备案管理系统

☞《化妆品监管管理条例》

第十九条 申请特殊化妆品注册或者进行普通化妆品备案，应当提交下列资料：

（一）注册申请人、备案人的名称、地址、联系方式；

（二）生产企业的名称、地址、联系方式；

（三）产品名称；

（四）产品配方或者产品全成分；

（五）产品执行的标准；

（六）产品标签样稿；

（七）产品检验报告；

（八）产品安全评估资料。

【国产产品首次备案填报示例】

【预备案号领取】（图1-26）：点击添加按键【添加】按钮，进入预备案号领取页面（图1-27），产品类型选择国产或仅供出口，填写产品中文名称，录入完毕后，点击【保存】按钮提交。

图1-26　预备案号领取页面

添加 ×

* 产品类型　● 国产　　　仅供出口

* 产品名称中文　Ω　x²　x₁

字数统计

产品名称外文　Ω　x²　x₁

字数统计

取消　**提交**

图1-27　预备案号领取操作页面

> 注：产品中文名称和英文名称支持特殊字符的录入，点击录入框左上角的特殊字符或上下标可以录入对应的字符。选择待使用的记录，点击编辑按键，可编辑修改产品名称。目前系统限制每个企业最多可领取预备案号20个，已领取预备案号的产品备案资料提交后即可继续领取。根据普通化妆品（牙膏）备案管理系统提示，每年1月1日—12月31日间领取的预备案号，应于当年12月31日前使用该预备案号完成备案，未使用的预备案号将被清理作废。

【首次备案申请】：点击【添加】按钮，进入首次备案申请表录入页面（图1-28）。

产品信息：备案编号可通过下拉的形式，选择在预备案号领取功能中已维护的国产产品名称，选择完毕后，产品名称自动带出。根据《化妆品分类规则和分类目录》依次分别填写产品功效宣称、作用部位、产品剂型、使用人群、使用方法、备注说明。

备案人信息：系统自动从"企业信息资料管理"中获取。

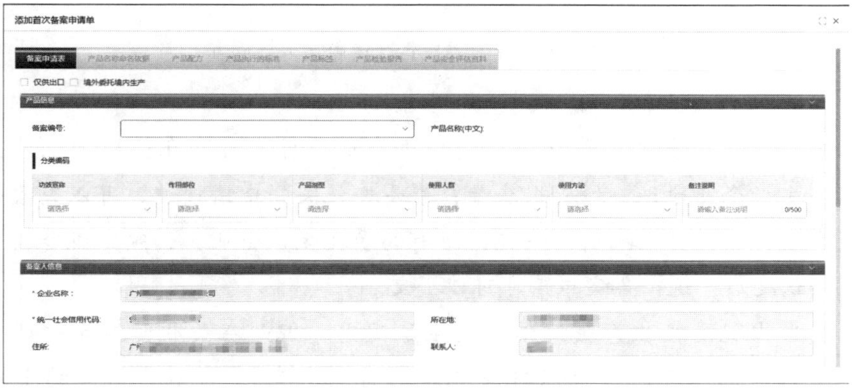

图1-28　首次备案申请表录入页面

生产信息：选择境内自主生产或境内委托生产。

境内自主生产：生产地址可通过下拉的形式，选择在"企业信息资料管理"功能中填报的地址，填写产品对应检验报告号（图1-29）

图1-29　境内自主生产信息录入页面

境内委托生产：生产企业名称通过下拉的方式，选择在受托维护功能中已维护的受托生产企业名称，自动获取对应的生产许可证编号，住所地址。上传委托关系文件。生产地址可通过下拉的形式，选择在受托维护功能中填报的地址。填写产品对应检验报告号。点击【发送委托关联】按钮，发送委托关联申请，生产企业账户确认关联产品（图1-30）。

图1-30　境内委托生产信息录入界面

> 注：境内自主生产和境内委托生产形式可同时存在；增加生产企业、生产企业地址、检验报告号；查看委托关联申请按键，可以查看生产企业对委托关系确认的情况，所有的受托生产企业，必须完成委托关联确认之后，这个备案申请才可以提交。
>
> 当出现委托生产企业信息发生了变更，但是在关联时显示的还是变更之前的信息时，可以勾选"境内自主生产"，并点击后面的【刷新】，即可显示受托企业变更后的信息，最后取消勾选"境内自主生产"即可。

其他信息：可勾选套装产品、配合仪器使用产品，以及输入人体检验报告编号（图1-31）。

若涉及使用已注册新原料的，输入新原料注册号；若涉及使用已备案新原料的，输入新原料备案号。

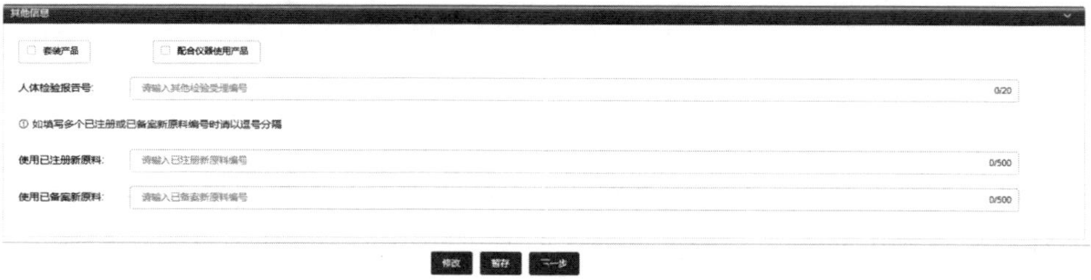

图1-31　首次备案信息表其他信息录入页面

点击【修改】按钮可以对当前保存的内容进行修改。

点击【暂存】按钮可保存当前备案申请表已填写的内容。

点击【下一步】按钮，进入产品名称命名依据录入页面。

产品名称命名依据：商标注册证或商标授权证明可通过下拉的形式，选择商标维护功能中已维护的商标名，系统自动将商标名及商标附件带入；根据产品名称对应录入商标名、通用名、属性名、后缀、命名依据等内容（图1-32）。

> 注：产品中文名称中使用外文商标的，需提供商标注册证书，并在标签同一可视面上有对应解释。
>
> 属性名应当表明产品真实的物理性状或者形态。
>
> 后缀包括颜色或者色号、防晒指数、气味、适用发质、肤质或者特定人群等内容。

图1-32 产品名称命名依据录入页面

点击【修改】按钮可以对当前保存的内容进行修改。

点击【暂存】按钮可保存当前备案已填写的内容。

点击【重置】按钮可重置当前备案申请表已填写的内容。

点击【下一步】按钮，进入产品配方录入页面。

产品配方：录入配方名称，点击【增加行】按钮，录入原料含量、使用目的、标准中文名称、原料中成分含量（％）等（图1-33），复配原料的点击【增加复配】按钮，增加录入框（图1-34）；所有原料应当按含量递减顺序排列。

若涉及使用新原料的，点击【发送新原料授权申请】按钮，发送到新原料备案人账号关联；多个新原料的，可选择页面底部【批量发送新原料授权申请】按钮。

图1-33　产品配方录入页面

图1-34　新增复配原料录入页面

可动态勾选产品是否使用与内容物接触的推进剂，并录入推进剂名称及原料含量（图1-35）。

图1-35　使用与内容物接触的推进剂录入页面

点击【修改】按钮对应录入生产商及自行填报原料安全信息（可下拉选择原料安全相关信息管理功能中已维护的原料信息）（图1-36）。

图1-36 生产商及自行填报原料安全信息录入页面

可动态勾选产品是否膜质载体材料，录入膜质载体材料说明，并上传其来源、制备工艺、质量控制指标等资料附件（图1-37）。

图1-37 是否膜质载体材料录入页面

点击【修改】按钮可以对当前保存的内容进行修改。

点击【暂存】按钮可保存当前备案已填写的内容。

点击【增加配方】按钮可增加产品配方栏，如必须配合使用或者包装容器不可拆分的独立配方的化妆品。

选定产品配方栏，点击【删除配方】按钮可删除产品配方栏。

点击【下载模板】按钮可下载产品配方模板表格，对应录入产品配方。

点击【追加导入】按钮上传产品配方，系统根据其导入的数据自动填入配方信息。

点击【覆盖导入】按钮上传产品配方，系统会覆盖之前上传的产品配方。

点击【下一步】按钮，进入产品执行的标准录入页面。

注：上传的产品配方表格内不可存在公式，对应模板逐一填写。确保配

方表原料含量合计100%，不等于100%，无法进入下一步。

出现下列页面（图1-38），首次填入选【是】，后期更改数据，涉及到更改了产品配方、删减配方等选择【是】，未更改产品配方即选【否】

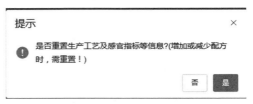

图1-38　是否重置生产工艺及感官指标等信息页面

产品执行的标准：产品名称、产品配方由之前录入的备案申请表、产品配方中系统自动获取展示（图1-39）。

图1-39　产品执行的标准自动获取展示产品配方页面

在线录入生产工艺内容，若涉及到分段生产的，勾选是否分段生产，对企业名称、企业附件逐一录入（图1-40）。

图1-40　生产工艺录入页面

感官指标，默认展示颜色、性状和气味项目及其指标，根据产品对应录入（图1-41）。

点击【添加】按钮可以对感官指标添加其项目和指标内容，点击【删除】

按钮，对其项目和指标逐一删除。

注：使用贴、膜类载体材料的产品应当分别描述贴、膜类材料以及浸液的颜色、性状等。

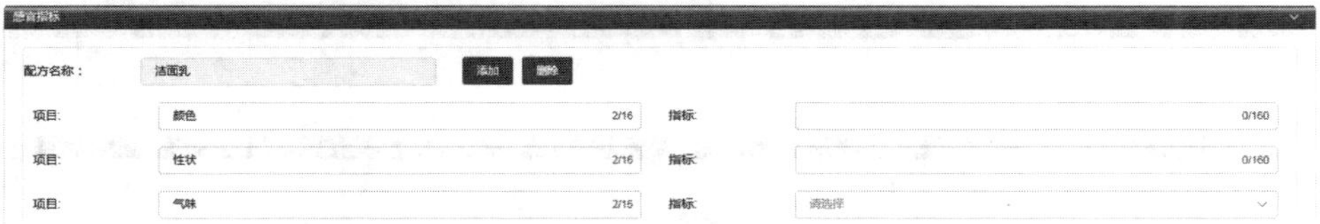

图1-41　感官指标录入页面

在线填写微生物指标和理化指标，填写检验项目、指标、质量管理措施、简要说明（图1-42）。录入简要说明（可下拉选择原料安全相关信息管理微生物指标和理化指标功能中已维护的简要说明）。

注：微生物和理化指标应当符合《化妆品安全技术规范》《化妆品注册和备案检验工作规范》的要求。简要说明是对质量管理措施的具体描述。采用检验方式作为质量控制措施的，应当在简要说明中注明检验频次。所用方法与《化妆品安全技术规范》所载方法完全一致的，应当填写《化妆品安全技术规范》的检验方法名称；与《化妆品安全技术规范》所载方法不一致的，应当填写检验方法名称，说明该方法是否与《化妆品安全技术规范》所载方法开展过验证，完整的检验方法和方法验证资料留档备查。采用非检验方式作为质量控制措施的，应当在简要说明中明确具体的实施方案，对质量控制措施的合理性进行说明，以确保产品符合《化妆品安全技术规范》要求。

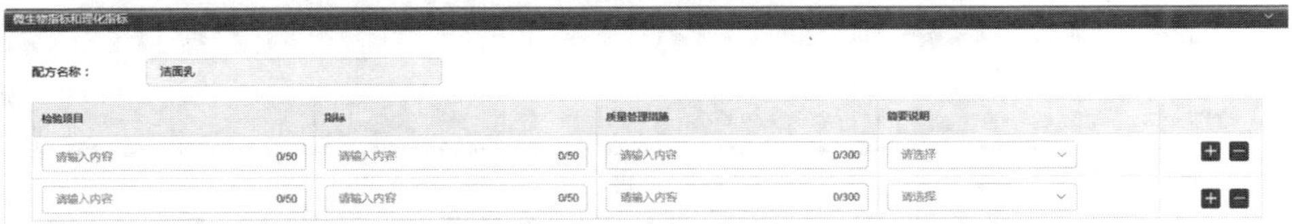

图1-42　微生物和理化指标录入页面

对应产品市售包装以及产品属性，填写产品使用方法、注意事项、安全警示用语、产品贮存条件、使用期限（图1-43）。

注：安全警示用语应当符合《化妆品标签管理办法》和《化妆品安全技术规范》等相关法律、行政法规、部门规章、强制性国家标准、技术规范的要求；如含水杨酸的产品标识"含水杨酸；三岁以下儿童误用"。

图1-43 产品使用方法、贮存条件、使用期限录入页面

点击【修改】按钮可以对当前保存的内容进行修改。

点击【暂存】按钮可保存当前备案已填写的内容。

点击【下一步】按钮，进入产品标签录入页面。

产品标签：基本内容中产品名称、产品执行的标准编号、备案人名称、备案人地址、生产企业名称、生产企业地址来自备案申请表中的内容；全成分标识中0.1%以上的成分和其他微量成分来自配方表的内容。使用期限、产品使用方法、安全警示语来自于产品执行的标准中的内容（图1-44）。

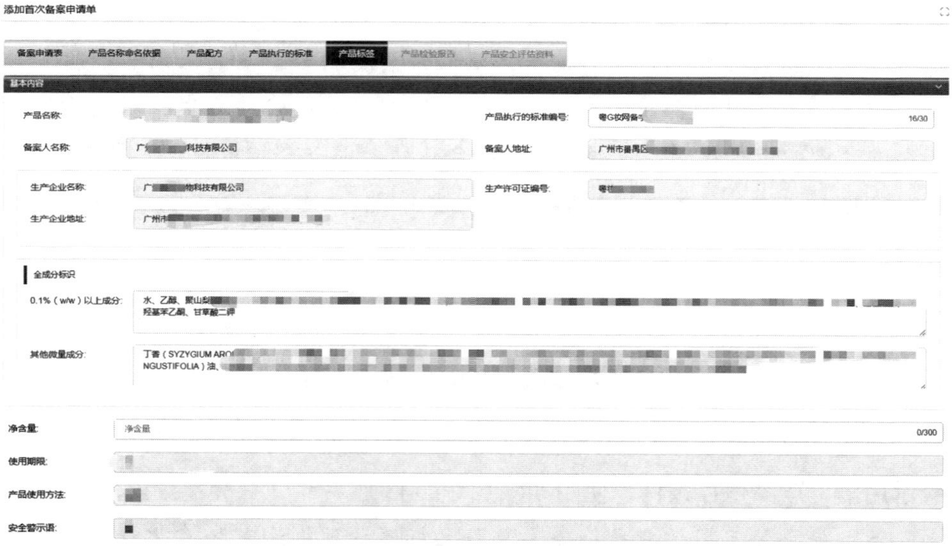

图1-44 产品标签基本信息录入页面

注：手动录入净含量，多个规格的产品，需一并说明。其他微量成分指不超过0.1%（w/w）的成分，可以不按照成分含量的降序列出。

其他信息中，在线录入产品名称相关解释说明、创新用语、按有关规定应当标注的其他内容；点击【添加】或【删除】按钮可动态添加或删除创新用语及其解释（图1-45）。

注：按有关规定应当标注的其他内容参照《化妆品标签管理办法》，无须重复填报上述"基本内容"框已说明的其他内容。

图1-45　产品标签其他信息录入页面

标注的标签内容中，在线录入其他特别宣称、其他文案内容（对应上传的产品销售包装填写）（图1-46）。

注：无须重复填报上述"基本内容""其他内容"框已说明的内容。

图1-46　标注的标签内容录入页面

在附件资料上传栏中分别通过点击【点击上传】，上传对应的销售包装平面图、销售包装立体图、说明书等内容（图1-47）。系统可以支持最大10M的PDF文件上传。

注：上传的标签内容应确保未超出标签样稿内容（标签样稿内容指产品标签这一页填写的内容）

销售包装说明：比较特殊的包装，通过包装图片不能理解的，在销售包装说明栏备注说明描述清晰。

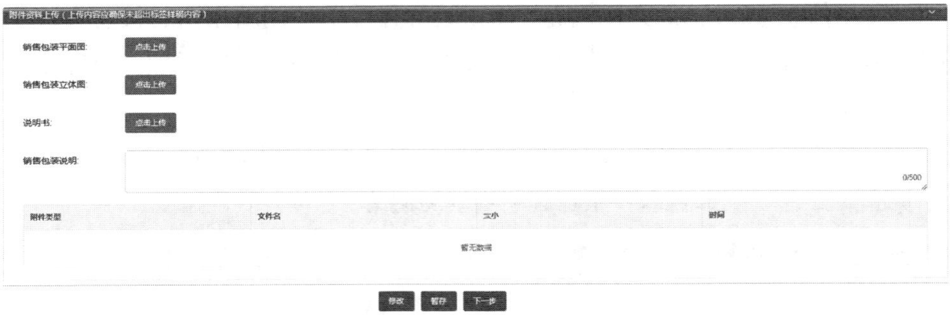

图1-47　产品标签附件资料上传页面

点击【修改】按钮可以对当前保存的内容进行修改。

点击【暂存】按钮可保存当前备案已填写的内容。

点击【下一步】按钮，进入产品检验报告录入页面。

产品检验报告：对应产品检验报告编号上传该产品报告附件（图1-48）。

注：由于更名等原因，检验报告的信息与备案信息不一致的，应当提交检验报告变更申请表和检验检测机构出具的补充检验报告或者更正函。

图1-48　产品检验报告录入页面

点击【修改】按钮可以对当前保存的内容进行修改。

点击【暂存】按钮可保存当前备案已填写的内容。

点击【下一步】按钮，进入产品安全评估资料录入页面（图1-49）。

产品安全评估资料：安全评估信息中在线录入评估单位、评估日期、评估摘要、产品简介、评估人员简历(评估人相关信息，并上传评估人简历)，可动态增加或删除评估人员简历。

安全评估结论汇总，通过点击【点击上传】按钮上传安全评估结论附件。

点击【修改】按钮可以对当前保存的内容进行修改。

点击【暂存】按钮可保存当前备案已填写的内容。

点击【附件上传】按钮在线下载该产品的备案信息表（点击【下载】按

钮），提交备案信息表（点击【上传】按钮）。

点击【提交】按钮，提交该产品的备案申请。

图1-49 产品安全评估资料录入页面

四、普通化妆品备案系统咨询方式

（一）国家药监局网上办事大厅

办事大厅登录、法人注册、个人注册和经办人授权等系统问题咨询。

1.咨询电话 17600265081

2.咨询邮箱 zwfwpt@nmpa.gov.cn

3.网页咨询（图1-50）

图1-50 国家药监局网上办事大厅系统问题网页咨询页面

（二）化妆品注册备案信息服务平台

企业信息资料管理、普通化妆品（牙膏）备案管理系统问题咨询。

1.咨询电话 010-88331913

2.咨询邮箱　gcftba@nmpa.gov.cn

3.网页咨询（图1-51）

图1-51　化妆品注册备案信息服务平台系统问题网页咨询页面

　　本章概述了普通化妆品备案事项性质、办理方法、办理时限、结果公示和法律法规依据等内容，介绍了普通化妆品备案的操作流程、管理职责和咨询方式，进一步明确备案人在普通化妆品上市或进口前，按照国家药监局要求通过信息服务平台提交备案资料后即完成备案。普通化妆品备案为告知性备案，上市前不再设置任何的审查环节，备案人在信息服务平台提交备案资料完成备案即可将产品投放市场。

第二章　备案资料一般要求

☞ 引言

　　化妆品备案资料即备案人提交的各项资料，是直观体现普通化妆品全部信息的关键载体，也是普通化妆品备案工作的重要资料来源。规范化妆品备案资料，对提升化妆品备案管理工作成效具有重要意义。本章主要规定了化妆品备案资料的一般性要求，包括对申报资料的合法性、真实性、准确性、完整性及可追溯性。通过归纳化妆品备案整理环节存在的一般性要求，结合真实案例对常见问题加以解析，加深对化妆品法规条款的理解，指导化妆品备案人员规范开展备案资料填报工作。

一、备案产品的基本范畴要求

（一）备案产品应属于化妆品范畴

1.法规　《化妆品监管管理条例》

第三条　本条例所称化妆品，是指以涂擦、喷洒或者其他类似方法，施用于皮肤、毛发、指甲、口唇等人体表面，以清洁、保护、美化、修饰为目的的日用化学工业产品。

2.案例

【**案例1**】使用方法：根据产品"使用方法"判定其不属于化妆品，如产品使用方法为"相应部位做艾护""熬煮10分钟""香薰""加热熏蒸""用低温低档超声波导入""鼻吸涂抹两用"等。

【**案例2**】使用部位：根据产品的"使用部位"判定其不属于化妆品，如产品宣称"室内喷洒可以作为天然空气清新剂""喷在衣物上留香效果翻倍"。

【**案例3**】产品剂型：根据"产品剂型"判定其不属于普通化妆品，如产品剂型使用"香皂"，产品性状为块状。

【**案例4**】功效宣称：宣称超出化妆品定义，如"手足抑汗喷剂""防蚊止痒、草本长效防蚊、有效缓和叮痒与蚊虫滋扰""促进眼周组织畅通""修护脆弱老化的胶原纤维""解决眼圈眼袋""易通活阳""扶阳专用""舒畅身心、调理平衡""暖身、降脂减肥""光疗辅助"（图2-1）。

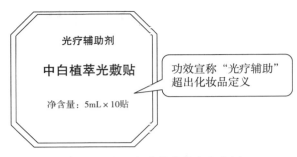

图2-1 宣称超出化妆品定义案例

3.解析

（1）化妆品属性判断 备案人应当按照《化妆品监督管理条例》中关于化妆品的定义，根据化妆品功效宣称、作用部位、使用人群、产品剂型和使用方法，判断产品是否属于普通化妆品备案范围。

《化妆品分类规则和分类目录》明确化妆品的功效类别为染发、烫发、祛斑美白、防晒、防脱发等26类。案例4中"手足抑汗喷剂""防蚊止痒"等功效宣称无论从化妆品定义还是从化妆品功效类别而言，均超出化妆品的范畴，因此可从功效宣称的角度判定该产品不属于化妆品。

根据化妆品定义，案例2中作用部位为"室内喷洒""喷在衣物上""口腔"的产品不符合化妆品"作用于人体表面"的定义，因此不属于化妆品。

国家药品监督管理局《关于明确"嫁接睫毛日本卸胶膏"是否属于化妆品范畴的复函》（药监妆函〔2020〕3号）中的回复"'嫁接睫毛日本卸胶膏'，主要施用于人体睫毛与嫁接睫毛粘连处，通过清除嫁接睫毛粘合剂以达到卸除嫁接睫毛、清洁睫毛的效果，其作用目的为清洁作用，属于化妆品范畴。另，来文提及的粘合假睫毛的胶水，虽然同样施用于人体睫毛与嫁接睫毛粘连处，但其作用目的为粘连作用，不属于化妆品范畴。"判断某类产品是否属于化妆品，应当结合该类产品的使用方法、施用部位和使用目的等是否符合《化妆品监督管理条例》中对于化妆品定义进行综合判定。

（2）香皂的管理 《化妆品监督管理条例》第七十七条规定"牙膏参照本条例有关普通化妆品的规定进行管理。牙膏备案人按照国家标准、行业标准进行功效评价后，可以宣称牙膏具有防龋、抑牙菌斑、抗牙本质敏感、减轻牙龈问题等功效。牙膏的具体管理办法由国务院药品监督管理部门拟订，报国务院市场监督管理部门审核、发布。香皂不适用本条例，但是宣称具有特殊化妆品功效的适用本条例"。

QB/T 2485—2008《香皂》标准中"香皂"是指以碾制工艺、冷却成型工艺生产的脂肪酸钠皂，及以脂肪酸钠为主，添加其他表面活性剂、功能性添加剂、助剂制成的块状香皂。原卫生部《关于贯彻执行〈化妆品卫生监督条例〉的通知》规定香皂不按化妆品管理，不实行生产许可。我国对普通香皂既不实行生产许可，对产品也不实行备案，香皂行业主要依靠成熟的标准体系进行管理和规范。基于风险管理原则和保障消费者的权益，《化妆品监督管理条例》将风险程度较高的具有特殊化妆品功效的香皂纳入化妆品管理，并按特殊化妆品注册管理。

目前市面上销售的"液体香皂""皂液"，虽然名称中含有"皂"，但不符合QB/T 2485—2008中关于香皂的定义，实际上与沐浴露、洗手液等产品相类似。根据产品的工艺配方、使用方法、使用目的、使用部位等判定，如果符合化妆品的定义，应按化妆品进行管理。

（二）备案产品应属于普通化妆品范畴

1.法规

（1）《化妆品监督管理条例》

第十六条 用于染发、烫发、祛斑美白、防晒、防脱发的化妆品以及宣称新功效的化妆品为特殊化妆品。特殊化妆品以外的化妆品为普通化妆品。

（2）《化妆品分类规则和分类目录》

第九条 功效宣称、作用部位或者使用人群编码中出现字母的，应当判定为宣称新功效的化妆品。

2.案例

【**案例1**】宣称涉嫌"祛斑美白"功效：标签宣称"淡化暗黄""嫩白养肤""白皙""专门针对皮肤斑点、黄气暗淡无光肤色，去除黄气、减淡斑点""Skinwhite""Ultra-White""Whitening"。

【**案例2**】宣称涉嫌"防晒"功效：标签宣称"阳光防护""远离阳光紫外线""可抵御紫外线及外界环境不良因素对肌肤的侵害""Resist Ultraviolet light""Sun Screen"。

【案例3】宣称涉嫌"防脱发"功效：标签宣称"坚持使用可改善脱发、掉发现象""强根健发"。

【案例4】宣称涉嫌"烫发"功效：标签宣称"卷度固定成分"。

【案例5】"新功效"化妆品：功效宣称为"抗蓝光""……隔尿的同时减少纸尿裤对臀部肌肤的磨擦"，作用部位为"乳晕"，使用人群为"哺乳期妇女适用""孕妇也可使用"等的化妆品，属于新功效化妆品。

3.解析 案例1~4中化妆品功效宣称涉嫌美白祛斑、防晒、防脱发和烫发等特殊化妆品功效，不属于普通化妆品。

案例5中宣称的"抗蓝光""……隔尿的同时减少纸尿裤对臀部肌肤的磨擦"等超出化妆品功效类别，属于新功效化妆品。依据《化妆品分类规则和分类目录》，化妆品的作用部位包括头发、躯干部位、面部等10个部位，作用部位不在此范围之内的产品属于新功效化妆品。根据使用者年龄，化妆品使用人群分为3类：婴幼儿（0~3周岁，含3周岁）、儿童（3~12周岁，含12周岁）和普通人群，案例5中宣称孕妇和哺乳期妇女适用的产品超出上述使用人群范围，"孕妇也可使用"也属于新功效产品。

二、备案资料应遵守社会公序良俗

1.法规 《化妆品标签管理办法》第十九条规定"化妆品标签禁止通过下列方式标注或者宣称：……（十一）标注庸俗、封建迷信或者其他违反社会公序良俗的内容"。

2.案例

【案例1】涉嫌庸俗：标注裸体形象、骷髅图案、吸烟图案，宣称"天生反骨""毒液""黑鸦片"等。

【案例2】宣称涉嫌封建迷信：宣称"妖精""幽灵""冥府之路""神仙"等。

3.解析

【案例1】根据《化妆品标签管理办法》，产品标签不得以图案或文字的形式明示或暗示涉嫌庸俗的内容，裸体形象、骷髅图案、吸烟图案属于图片涉嫌庸俗内容，宣称"天生反骨""毒液""黑鸦片"属于文字涉嫌庸俗内容。

【案例2】根据《化妆品标签管理办法》，产品标签不得以图案或文字的形式明示或暗示涉嫌封建迷信的内容，"妖精""幽灵""冥府之路""神仙"等词语属于文字涉嫌封建迷信的内容。

三、备案资料的提交要求

（一）《化妆品注册备案信息表》填写应完整、规范

1. 法规 《化妆品注册备案资料管理规定》第二十七条规定"注册人、备案人应当逐项填写《化妆品注册备案信息表》（附10），并提交相关资料……（二）注册人、备案人应当按照《化妆品监督管理条例》和《化妆品分类规则和分类目录》的规定，确定产品类别以及相应的产品分类编码，涉及特殊化妆品功效宣称的，应当按照特殊化妆品申报"。

2. 案例

【**案例1**】"×××玻尿酸抗皱精华霜"的产品名称有"抗皱"宣称，分类编码功效宣称为"保湿"，未在分类编码功效宣称项下选择"抗皱"（表2-1）。

表2-1 ×××玻尿酸抗皱精华霜分类编码

备案编号		产品名称（中文）	×××玻尿酸抗皱精华霜	
		查看相似产品		
分类编码				
功效宣称	作用部位	产品剂型	使用人群	使用方法
11 保湿	05 面部	01 膏霜乳	03 普通人群	02 驻留

【**案例2**】"×××生姜洗发露"的产品名称为"洗发露"，分类编码功效宣称项下未选择"清洁"（表2-2）。

表2-2 ×××生姜洗发露分类编码

备案编号		产品名称（中文）	×××生姜洗发露	
		查看相似产品		
分类编码				
功效宣称	作用部位	产品剂型	使用人群	使用方法
21 护发	01 头发	01 膏霜乳	03 普通人群	01 淋洗

【案例3】"×××按摩油"的产品性状为液体，其分类编码中产品剂型应选择"液体"而非"其他"（表2-3）。

表2-3　×××按摩油分类编码

备案编号		产品名称（中文）	×××生姜洗发露	
		查看相似产品		
分类编码				
功效宣称	作用部位	产品剂型	使用人群	使用方法
11 保湿	09 全身皮肤	12 其他	03 普通人群	02 驻留

3. **解析**　《化妆品注册备案信息表》相关信息涉及产品信息、备案人信息、生产信息和其他信息，备案人或境内责任人应按要求准确、完整填写相关信息、提交相关文件。产品信息除需填写产品名称外，还包括产品分类信息，备案人或境内责任人应根据产品实际情况，按照《化妆品分类规则和分类目录》要求完整填写分类信息。

（二）产品名称命名依据应填写完整

1. **法规**　《化妆品注册备案资料管理规定》

第二十八条　注册人、备案人应当提交产品名称命名依据，产品名称命名依据中应当指明商标名、通用名、属性名，并分别说明其具体含义。进口产品应当对外文名称和中文名称分别进行说明，并说明中文名称与外文名称的对应关系（专为中国市场设计无外文名称的除外）。

2. **案例**

【案例1】"×××保湿霜"的产品名称命名依据中，未填写商标名、通用名、属性名，也未对其具体含义进行说明（表2-4）。

表2-4　×××保湿霜产品名称命名依据

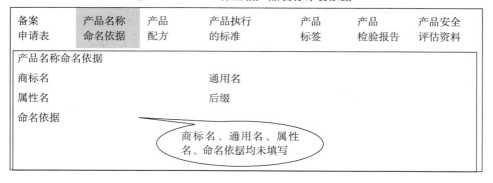

备案 申请表	产品名称 命名依据	产品 配方	产品执行 的标准	产品 标签	产品 检验报告	产品安全 评估资料
产品名称命名依据						
商标名			通用名			
属性名			后缀			
命名依据						

商标名、通用名、属性名、命名依据均未填写

【**案例2**】进口化妆品未对产品中文名称与外文名称对应关系进行说明（表2-5）。

表2-5　ZBOKE焕颜精华水产品名称命名依据

备案 申请表	产品名称 命名依据	产品 配方	产品执行 的标准	产品 标签	产品 检验报告	产品安全 评估资料
产品名称命名依据						
商标名	ZBOKE		通用名	焕颜精华		
属性名	水		后缀			
命名依据	ZBOKE：注册商标；焕颜精华：含有多种植物精华成分，使面部肌肤焕然一新；水：产品性状。					

命名依据中未对外文商标名ZBOKE的含义进行说明，也未说明中文名称与外文名称的对应关系

3.**解析**　产品名称包括商标名、通用名和属性名，部分产品名称还有后缀，备案人除需要依据《化妆品注册备案资料管理规定》第二十八条规定对产品中文名称、外文名称各部分含义进行解释说明外，还需要注意以下情况：产品名称应当符合《化妆品标签管理办法》相关规定，产品名称中的产品原料、成分，应与产品申报配方相符。

（三）商标注册证的上传要求

1.**法规**　《化妆品注册备案资料管理规定》第二十八条规定"产品中文名称中商标名使用字母、汉语拼音、数字、符号等的，应当提供商标注册证"。

2.**案例**　产品中文名称中商标名使用了字母、汉语拼音、数字、符号等（套盒产品连接符："+""-""（ ）"和约定俗成的专业术语除外），未上传商标注册证。如"LadyLucky修护霜"的商标名为英文字母，其命名依据项下未上传商标注册证。

3.**解析**　如产品中文名称中商标名使用了字母、汉语拼音、数字、符号等，套盒产品连接符："+""-""（ ）"和约定俗成的专业术语除外，应上传商标注册证，且注册商标证明应在有效期内。

产品名称中包含外文或数字、有歧义/易引人误解、疑似含某种功效或某种原料时需要明确解释，通俗且易于理解的无需逐字详细解释。

依据《化妆品标签管理办法》第九条"产品中文名称中的注册商标使用字母、汉语拼音、数字、符号等的，应当在产品销售包装可视面对其含义予以解释说明"。

（四）产品配方信息应完整上传

1.法规 《化妆品注册备案资料管理规定》第二十九条规定"产品配方为生产投料配方，应当符合以下要求：……（五）使用贴、膜类载体材料的，应当在备注栏内注明主要载体材料的材质组成，同时提供其来源、制备工艺、质量控制指标等资料"。

2.案例 "×××保湿面膜"使用了贴、膜类载体材料（表2-6），未在备注栏内注明主要载体材料的材质组成，或未提交其来源、制备工艺、质量控制指标等材料（表2-7）。

表2-6　×××保湿面膜备案申请表

备案申请表	产品名称命名依据	产品配方	产品执行的标准	产品标签	产品检验报告	产品安全评估资料
产品信息						
备案编号：	XG妆网备字2023012026		产品名称（中文）：	×××保湿面膜		
			产品名称（外文）：			
分类编码						
功效宣称	作用部位	产品剂型	使用人群	使用方法	备注说明	
保湿	面部	液体、贴、膜、含基材	普通人群	淋洗		

表2-7　×××保湿面膜产品配方

备案申请表	产品名称命名依据	产品配方	产品执行的标准	产品标签	产品检验报告	产品安全评估资料
			产品信息			
备案编号：	XG妆网备字2023012026		产品名称（中文）：		×××保湿面膜	

序号	标准中文名称	INCI名称	原料含量（%）	原料中成分含量（%）	实际成分含量（%）	主要使用目的	原料报送码	备注
1	水	AQUA	**** ****	**** ****	**** ****	溶剂	100×××- *****-****	
2	丁二醇	BUTYLENE GLYCOL	**** ****	**** ****	**** ****	保湿剂	100×××- *****-****	
3	透明质酸钠	SODIUM HYALURONATE	**** ****	**** ****	**** ****	保湿剂	100×××- *****-****	
4	小核菌（SCLEROTIUM ROLFSSII）胶	SCLEROTIUM GUM	**** ****	**** ****	**** ****	成膜剂	100×××- *****-****	

□是否膜质载体材料

膜质载体材料说明：无

备注：

3.解析　使用贴、膜类载体材料的化妆品，其载体材料虽然不属于产品配方，但因其与人体肌肤接触，从产品安全性角度考虑，应勾选配方表下方的"是否膜质载体材料"选项，并按照《化妆品注册备案资料管理规定》要求备注说明主要载体材料的材质组成，同时提供由载体材料供应商、生产商提供的来源、制备工艺和质量控制指标等资料。同时提供其来源、制备工艺、质量控制指标等资料。备案信息表中，产品剂型分类编码应包含"10贴、膜、含基材"。

（五）产品执行的标准应完整上传

1.法规　《化妆品注册备案资料管理规定》

第三十条　产品执行的标准包括全成分、生产工艺简述、感官指标、微生物和理化指标及其质量控制措施、使用方法、贮存条件、使用期限等内容，应当符合国家有关法律法规、强制性国家标准和技术规范的要求（式样及编制说明见附15，样例见附16）。

……

（四）感官指标。应当分别描述产品内容物的颜色、性状、气味等指标。套装产品应当分别说明各部分的感官指标，使用贴、膜类载体材料的产品应当分别描述贴、膜类材料以及浸液的颜色、性状等。

1.颜色是指产品内容物的客观色泽。同一产品具有可区分的多种颜色，应当逐一描述；难以区分颜色的，可描述产品目视呈现或者使用时的主要色泽，也可描述颜色范围。

2.性状是指产品内容物的形态。

3.气味是指产品内容物是否有气味。

（五）微生物和理化指标及质量控制措施。

1.应当提交对产品实际控制的微生物和理化指标，微生物和理化指标应当符合《化妆品安全技术规范》《化妆品注册和备案检验工作规范》的要求。

2.应当根据产品实际控制的微生物和理化指标提交相应的质量控制措施。

3.采用检验方式作为质量控制措施的，应当注明检验频次，所用方法与《化妆品安全技术规范》所载方法完全一致的，应当填写《化妆品安全技术规范》的检验方法名称；与《化妆品安全技术规范》所载方法不一致的，应当填写检验方法名称，说明该方法是否与《化妆品安全技术规范》所载方法开展过验证，完整的检验方法和方法验证资料留档备查。

4.采用非检验方式作为质量控制措施的，应当明确具体的实施方案，对质量控制措施的合理性进行说明，以确保产品符合《化妆品安全技术规范》要求。

2.案例

【案例1】产品执行的标准中微生物和理化指标项下未填写菌落总数、霉菌和酵母菌总数、砷、镉等检验项目（表2-8）。

表2-8 微生物指标和理化指标未规范填报案例1

检验项目	指标	质量管理措施	简要说明
耐热大肠菌群	不得检出 /g	产品全项目检验（每年≥1次）	《化妆品安全技术规范》（2015版）第五章 3 耐热大肠菌群检验方法

续表

检验项目	指标	质量管理措施	简要说明
金黄色葡萄球菌	不得检出 /g	产品全项目检验（每年≥1次）	《化妆品安全技术规范》（2015版）第五章 5 金黄色葡萄球菌检验方法
铜绿假单胞菌	不得检出 /g	产品全项目检验（每年≥1次）	《化妆品安全技术规范》（2015版）第五章 4 铜绿假单胞菌检验方法
汞	≤1mg/kg	产品全项目检验（每年≥1次）	《化妆品安全技术规范》（2015版）第四章 1.2 第一法 氢化物原子荧光光度法
铅	≤10mg/kg	产品全项目检验（每年≥1次）	《化妆品安全技术规范》（2015版）第四章 1.3 第一法 石墨炉原子吸收分光光度法

【案例2】产品执行的标准中微生物和理化指标项下质量管理措施和简要说明未填写，且菌落总数、霉菌和酵母菌总数、耐热大肠菌群、金黄色葡萄球菌、铜绿假单胞菌指标未填写单位（表2-9）。

表2-9 微生物指标和理化指标未规范填报案例2

检验项目	指标	质量管理措施	简要说明
菌落总数	<10		
霉菌和酵母菌总数	<10		
耐热大肠菌群	未检出		
金黄色葡萄球菌	未检出		
铜绿假单胞菌	未检出		

【案例3】使用贴、膜类载体材料的产品未填报贴、膜类载体材料的感官指标。

3.解析 产品执行的标准包括产品名称、产品配方、生产工艺、感官指标、微生物指标和理化指标、产品使用方法、贮存条件、使用期限等多项内容，各项内容均应逐项完整填写。案例1中产品执行的标准中微生物和理化指标项下菌落总数、霉菌和酵母菌总数、砷、镉等检验项目未填报；案例2中质量管理措施和简要说明未填写外，菌落总数、霉菌和酵母菌总数、耐热大肠菌群、金黄色葡萄球菌、铜绿假单胞菌等指标未填写控制指标单位。

有多个内容物的产品，其产品执行的标准应当分别描述产品内容物的颜色、性状、气味等指标。

使用贴、膜类载体材料的产品除描述浸液的颜色和性状外，还应当描述贴、膜类材料的颜色和性状。

（六）产品标签内容应完整填写或上传

1.法规 《化妆品注册备案资料管理规定》

第三十一条 注册人、备案人或者境内责任人应当逐项填写《产品标签样稿》（附17），填写的使用方法、安全警示用语、贮存条件、使用期限等内容应当符合产品执行的标准。

进口化妆品应当提交生产国（地区）产品的销售包装（含说明书），以及外文标签的中文翻译件。

第三十二条 普通化妆品办理备案时、特殊化妆品上市前，注册人、备案人或者境内责任人应当上传产品销售包装的标签图片，图片应当符合以下要求：

（一）图片包括全部包装可视面的平面图和可体现产品外观的立体展示图，图片应当完整、清晰。平面图应当容易辨别所有标注内容；无法清晰显示所有标注内容的，还应当提交局部放大图或者产品包装设计图。

2.案例

【**案例1**】产品标签样稿未填写净含量、使用期限等信息（表2-10），且其他文案内容中也未见相关信息。

表2-10　产品标签样稿未规范填报案例

净含量	
使用期限	
产品使用方法	轻柔涂抹于身体皮肤上
安全警示语	应当在成人监护下使用

【**案例2**】产品标签样稿未上传销售包装平面图、立体图，或销售包装平面图上传不全，未上传全部包装可视面图片（图2-3）。

附件			
友情提示：			
文件比较大时预览打开时间会比较长，建议下载到本地进行查看，文件最大10MB！			
文件名称	类型	大小	操作
暂无数据			

图2-3　产品标签样稿未按要求上传附件案例

【案例3】进口化妆品（包括境内委托境外产品）未上传原销售包装及翻译件。

3.**解析**　产品标签样稿包括产品信息、全成分标识、净含量、使用方法、安全警示语、产品名称相关解释说明、按有关规定应当标注的其他内容、其他特别宣称、其他文案内容。产品标签样稿应按照要求和实际情况逐项填报，产品销售包装平面图应上传完整，有包装盒的产品应上传包装盒全部展示面，无包装盒的产品应上传包装容器顶、底及不同角度的包装图片，确保图片能覆盖产品包装全部内容。进口化妆品应当提交生产国（地区）产品的销售包装（含说明书），以及外文标签的中文翻译件，儿童化妆品应在产品包装标识"小金盾"。

（七）产品检验报告应完整提交

1.**法规**　《化妆品注册备案资料管理规定》

第三十三条　注册或者备案产品的产品检验报告，由化妆品注册和备案检验机构出具，应当符合《化妆品安全技术规范》《化妆品注册和备案检验工作规范》等相关法规的规定。

……

（二）普通化妆品的生产企业已取得所在国（地区）政府主管部门出具的生产质量管理体系相关资质认证，且产品安全风险评估结果能够充分确认产品安全性的，可免于提交该产品的毒理学试验报告，有下列情形的除外：

1.产品宣称婴幼儿和儿童使用的；

2.产品使用尚在安全监测中化妆品新原料的；

3.根据量化分级评分结果，备案人、境内责任人、生产企业被列为重点监管对象的。

2.**案例**　婴幼儿、儿童化妆品和使用尚在安全监测中化妆品新原料的产品未提交毒理学试验报告。

3.**解析**　产品检验报告是证明产品安全性的关键材料，是备案资料中的必传资料，检验项目应符合《化妆品安全技术规范》（2015年版）和《化妆品注册和备案检验工作规范》相关要求。此外，儿童化妆品、使用尚在安全监测中化妆品新原料的化妆品还应上传毒理学试验报告。

（八）产品安全评估资料应完整上传

1.法规 《化妆品注册备案资料管理规定》第三十四条规定"注册人、备案人应当按照化妆品安全评估相关技术指南的要求开展产品安全评估，形成产品安全评估报告。"

2.案例 2022年1月1日后备案产品未填报安全评估信息，或未上传产品安全评估资料（图2-4）。

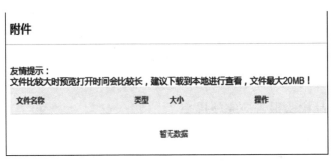

图2-4　产品安全评估资料未按要求上传附件案例

3.解析 2022年1月1日后备案产品应填报安全评估信息，可上传产品产品安全评估报告（简化版）。根据《国家药监局关于发布优化化妆品安全评估管理若干措施的公告（2024年第50号）》要求，自2024年5月1日起，对化妆品安全评估资料实施分类管理，部分符合条件的普通化妆品可提交安全评估基本结论，安全评估报告由化妆品企业存档备查。此外，在2025年5月1日前，考虑化妆品的研发周期较长，为避免研发重复投入，对已按照原有要求开展评估的产品，化妆品注册人、备案人申请注册或者进行备案时仍可以提交符合《化妆品安全评估技术导则》要求的简化版安全评估报告。

四、备案资料的形式要求

1.法规 《化妆品注册备案资料管理规定》

第三条 化妆品注册人、备案人应当遵循风险管理的原则，以科学研究为基础，对提交的注册备案资料的合法性、真实性、准确性、完整性和可追溯性负责，并且承担相应的法律责任。境外化妆品注册人、备案人应当对境内责任人的注册备案工作进行监督。

《化妆品注册备案资料管理规定》第九条规定"化妆品注册备案的纸质资料应当使用国际标准A4型规格纸张，内容完整清晰、不得涂改。"《国家药监局综合司关于进一步加强普通化妆品备案管理工作有关事宜的通知》（药监综妆〔2021〕81号）明确，备案资料整理工作应当重点关注的内容包括"备案资料是否齐全、完整、清晰，是否符合形式要求，特别是产品安全评估资料、产品检验报告等内容"。

2.案例

【案例1】上传的备案资料不清晰：例如备案资料中提交的原料质量规格、销售包装图片、产品检验报告等不清晰，无法正常辨识，影响产品问题判断。

【案例2】备案资料存在缺页情况：例如产品检验报告或产品安全评估报告存在缺页的情况。

【案例3】上传的备案资料非本产品的资料：例如产品检验报告上传错误，上传了其他产品的检验报告。

【案例4】上传的备案资料为不相关的资料：例如委托加工协议上传错误，上传了产品销售的授权委托书。

3.解析 备案资料的齐全、完整、清晰，符合形式要求是提交备案资料的基本要求。备案资料应清晰，不能影响备案管理部门对资料内容的辨识。备案资料应完整，不应存在缺页、缺项等问题，备案资料应前后一致，不应错误上传其他产品的资料或不相关的资料。

五、备案资料的用章要求

（一）备案资料应加盖公章

1.法规《化妆品注册备案资料管理规定》

第五条 化妆品注册备案资料应当符合国家有关用章规定，签章齐全，具有法律效力。境外企业及其他组织不使用公章的，应当由法定代表人或者企业（其他组织）负责人签字。除用户信息相关资料外，产品的注册备案资料中如需境外化妆品注册人、备案人签章的，其法定代表人或者负责人可授权该注册人、备案人或者境内责任人的签字人签字。授权委托签字的，应当提交授权委托书原件及其公证书原件，授权委托书中应当写明授权签字的事项和范围。

除政府主管部门或者有关机构、注册和备案检验机构、公证机关等出具的资料原件外，化妆品注册备案资料均应由境内注册人、备案人或者境内责任人逐页加盖公章。使用带有电子加密证书的公章的，可直接在电子资料上加盖电子公章。

2.案例

【案例1】委托加工协议或自由销售证明复印件未加盖备案人或境内责任人公章。

【案例2】产品安全评估资料未加盖备案人或境内责任人公章（图2-5）。

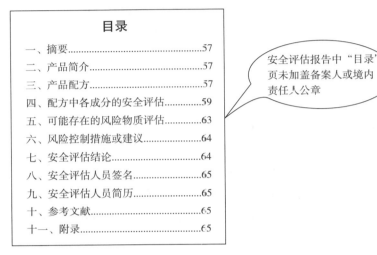

图2-5　安全评估报告目录页

3.解析　公章是一种具有法律效力和代表机构或个人身份的印章，除政府主管部门或者有关机构、注册和备案检验机构、公证机关等出具的资料原件外，化妆品注册备案资料加盖公章是备案人或境内责任人确认备案资料合法性和真实性，并承担相应法律责任的重要标志。

备案人是化妆品质量安全的责任人，对提交产品安全评估资料的真实性和准确性负责。除销售包装图片外，其他企业上传的文件应逐页加盖备案人公章或骑缝章，包括但不限于商标注册证、原料安全信息、膜材质量规格信息、安全评估人员简历、安全评估报告。其中安全评估报告应逐页加盖备案人公章或骑缝章，无需加盖评估机构公章。检验报告、公证书复印件也需加盖备案人或境内责任人公章，但其原件除外。

（二）检验报告应加盖检验检测专用章

1.法规

（1）《检验检测机构资质认定管理办法》（国家质量监督检验检疫总局令

第163号）

第二十一条 检验检测机构向社会出具具有证明作用的检验检测数据、结果的，应当在其检验检测报告上标注资质认定标志。

（2）《检验检测机构资质认定 检验检测专用章使用要求》（国认实〔2015〕50号）

三、检验检测专用章应表明检验检测机构完整的、准确的名称。检验检测专用章加盖在检验检测报告或证书封面的机构名称位置或检验检测结论位置，骑缝位置也应加盖。

2.案例 检验报告未加盖第三方机构检验检测专用章。

3.解析 化妆品检验报告作为有证明作用的材料，应在报告或证书封面的机构名称位置或检验检测结论位置加盖检验检测专用章，此外，根据《检验检测机构资质认定 检验检测专用章使用要求》中检验检测专用章的使用要求，骑缝位置也应加盖。

（三）备案资料应按要求签名

1.法规

（1）《中华人民共和国电子签名法》

第十三条 电子签名同时符合下列条件的，视为可靠的电子签名：

（一）电子签名制作数据用于电子签名时，属于电子签名人专有；

（二）签署时电子签名制作数据仅由电子签名人控制；

（三）签署后对电子签名的任何改动能够被发现；

（四）签署后对数据电文内容和形式的任何改动能够被发现。

当事人也可以选择使用符合其约定的可靠条件的电子签名。

第十四条 可靠的电子签名与手写签名或者盖章具有同等的法律效力。

（2）《化妆品安全评估技术导则》

8.1化妆品原料的安全评估报告通常包括摘要、原料理化性质、评估过程、评估结果分析、风险控制措施或建议、安全评估结论、安全评估人员签名及简历、参考文献和附录等内容。

2.案例 安全评估报告无评估人员手写签名或电子签章签名（图2-6，图2-7）。

八、安全评估人员的签名

评估人：

日期：2022年2月28日

地址：上海市静安区国际商务广场×××号

图2-6 安全评估人员未签字

八、安全评估人员的签名

评估人：罗××

日期：2022年1月12日

图2-7 安全评估人员签字处为打印

3. 解析 安全评估人员应在"安全评估人员签名"章节签名，签名应符合国家相关规定，具有法律效力，可以是电子签名或手写签名，而不能是文本输入的文字，其不具有法律效力。签署的评估日期应为最终出具安全评估报告的时间，不得早于相关证明性资料的出具时间。

六、专为中国市场设计销售包装进口化妆品的备案资料提交要求

1. 法规 《化妆品注册备案资料管理规定》第二十七条规定，"专为中国市场设计销售包装的，应当提交该产品在化妆品注册人、备案人所在国或生产国（地区）的已上市销售证明文件，同时提交产品配方、生产工艺与化妆品注册人、备案人所在国或者生产国（地区）产品一致的说明资料。"

2. 案例

【案例1】专为中国市场设计销售包装的进口化妆品，未提交该产品在化妆品备案人所在国或生产国（地区）的已上市销售证明文件。

【案例2】专为中国市场设计销售包装的进口化妆品，未提交产品配方、生产工艺与化妆品备案人所在国或生产国（地区）产品一致的说明资料。

3. 解析 依据《化妆品注册备案资料管理规定》第二十七条规定，进口化妆品即使为中国市场专门设计了销售包装，仍需提交该产品在化妆品备案人所在国或生产国（地区）的已上市销售证明文件证明。此外，还需要提交该产品的产品配方、生产工艺与化妆品备案人所在国或生产国（地区）产品一致的说明资料。

七、仅供出口化妆品的备案资料提交要求

1. 法规　《化妆品注册备案资料管理规定》

第三十七条　仅供出口的特殊化妆品和普通化妆品，应当在注册备案信息服务平台进行备案，由生产企业提交以下资料：

1. 产品名称；

2. 拟出口国家（地区）；

3. 产品标签图片，包括产品销售包装正面立体图、产品包装平面图和产品说明书（如有）。

2. 案例

【**案例1**】仅供出口化妆品未提交备案资料。

【**案例2**】仅供出口普通化妆品的备案主体填报错误，如备案人填报为备案人或境内责任人。

【**案例3**】仅供出口化妆品的备案资料填写不完整，如未提交拟出口国信息，或未上传销售包装图片。

3. 解析　依据《化妆品注册备案资料管理规定》第三十七条规定，仅供出口的化妆品也需要在注册备案信息服务平台进行备案。仅供出口化妆品的备案主体为该产品在国内的生产企业，而非备案人或者境内责任人。

相对于在国内生产经营的化妆品，仅供出口的化妆品所需要提交的资料较为简单，即只需要提交产品名称、拟出口国家（地区）和产品销售包装正面立体图、产品包装平面图和产品说明书（如有）。

小　结

本章为化妆品备案资料的一般性和共性要求，通过列举具体案例，对备案产品的基本范畴要求及备案资料存在的共性问题进行总结和解析。备案资料的一般性要求除包括应属于普通化妆品备案范畴这一基本要求外，还包括遵守社会公序良俗、备案资料提交要求、形式要求、用章要求、净含量标识要求以及仅供出口化妆品的备案资料提交要求等内容，通过针对性地对案例适用法规条款或规范性文件进行解读，有助于进一步规范和统一化妆品备案资料整理环节核查标准，提升普通化妆品备案工作质量。

第三章 备案申请表

☞ 引言

    化妆品备案信息表由产品信息、备案人信息、境内责任人信息、生产信息和其他信息组成，产品信息中包含备案编号、产品名称（中文）、产品名称（外文）、分类编码；备案人信息中包含企业名称（中文）、企业名称（外文）、所在国/地区、住所（中文）、住所（英文）、联系人、联系电话；境内责任人信息中包含境内责任人名称、统一社会信用代码、所在地、境内责任人地址、联系人、联系人电话；生产信息中包含生产企业名称、原产国（地区）、委托关系文件、住所地址、生产地址、检验报告号；其他信息包含上市销售证明文件、是否使用注册或备案新原料等信息。通过本章的学习，应掌握分类编码填报的判定要求和判定方法，熟悉备案申请表中其他内容的填写要求。

一、分类编码应当规范填报

（一）产品名称与功效宣称应相符

1.法规

（1）《化妆品监督管理条例》第六条规定"化妆品注册人、备案人对化妆品的质量安全和功效宣称负责。"

（2）《化妆品注册备案资料管理规定》第二十七条（二）项下规定"注册人、备案人应当按照《化妆品监督管理条例》和化妆品分类规则与分类目录的规定，确定产品类别以及相应的产品分类编码，涉及特殊化妆品功效宣称的，应当按照特殊化妆品申报。"

（3）《化妆品分类规则和分类目录》

第三条 化妆品注册人、备案人应当根据化妆品功效宣称、作用部位、使用人群、产品剂型和使用方法，按照本规则和目录进行分类编码。

第四条 化妆品应当按照本规则和目录所附的功效宣称、作用部位、使用人群、产品剂型和使用方法的分类目录（附表1—5）依次选择对应序号，各组目录编码之间用"-"进行连接，形成完整的产品分类编码。

同一产品具有多种功效宣称、作用部位、使用人群或者产品剂型的，可选择多个对应序号，各序号应当按顺序依次排列，序号之间用"/"进行连接。

第五条　化妆品应当根据功效宣称分类目录所列的功效类别选择对应序号，功效宣称应当有充分的科学依据。

（4）依据功效宣称分类目录，普通化妆品的功效宣称应符合下列功效类别、释义说明和宣称指引。

1）祛痘　有助于减少或减缓粉刺（含黑头或白头）的发生；有助于粉刺发生后皮肤的恢复。注：调节激素影响的、杀（抗、抑）菌的和消炎的产品，不属于化妆品。

2）滋养　有助于为施用部位提供滋养作用。注：通过其他功效间接达到滋养作用的产品，不属于此类。

3）修护　有助于维护施用部位保持正常状态。注：用于疤痕、烫伤、烧伤、破损等损伤部位的产品，不属于化妆品。

4）清洁　用于除去施用部位表面的污垢及附着物。

5）卸妆　用于除去施用部位的彩妆等其他化妆品。

6）保湿　用于补充或增强施用部位水分、油脂等成分含量；有助于保持施用部位水分含量或减少水分流失。

7）美容修饰　用于暂时改变施用部位外观状态，达到美化、修饰等作用，清洁卸妆后可恢复原状。注：人造指甲或固体装饰物类等产品（如：假睫毛等），不属于化妆品。

8）芳香　具有芳香成分，有助于修饰体味，可增加香味。

9）除臭　有助于减轻或遮盖体臭。注：单纯通过抑制微生物生长达到除臭目的产品，不属于化妆品。

10）抗皱　有助于减缓皮肤皱纹产生或使皱纹变得不明显。

11）紧致　有助于保持皮肤的紧实度、弹性。

12）舒缓　有助于改善皮肤刺激等状态。

13）控油　有助于减缓施用部位皮脂分泌和沉积，或使施用部位出油现象不明显。

14）去角质　有助于促进皮肤角质的脱落或促进角质更新。

15）爽身　有助于保持皮肤干爽或增强皮肤清凉感。注：针对病理性多汗的产品，不属于化妆品。

16）护发　有助于改善头发、胡须的梳理性，防止静电，保持或增强毛发的光泽。

17）防断发　有助于改善或减少头发断裂、分叉；有助于保持或增强头发韧性。

18）去屑　有助于减缓头屑的产生；有助于减少附着于头皮、头发的头屑。

19）发色护理　有助于在染发前后保持头发颜色的稳定。注：为改变头发颜色的产品，不属于此类。

20）脱毛　用于减少或除去体毛。

21）辅助剃须剃毛　用于软化、膨胀须发，有助于剃须剃毛时皮肤润滑。注：剃须、剃毛工具不属于化妆品。

2. 案例

【案例1】产品名称为"××舒缓卸妆液"，产品名称中含有"舒缓"，分类编码项下功效宣称仅选择"10卸妆"，产品名称与分类编码项下所选功效宣称不相符（表3-1）。

表3-1　××舒缓卸妆液备案申请表

备案申请表	产品名称命名依据	产品配方	产品执行的标准	产品标签	产品检验报告	产品安全评估资料
			产品信息			
备案编号：	XG妆网备字20230120xx		产品名称（中文）：		××舒缓卸妆液	
			查看相似产品			
分类编码						
功效宣称	作用部位	产品剂型	使用人群	使用方法	备注说明	
10卸妆	05面部	02液体	03普通人群	01淋洗		

【案例2】产品名称为"××保湿洗发水"，产品名称中含有"保湿"，分类编码项下功效宣称仅选择"09清洁"，产品名称与分类编码项下所选功效宣称不相符（表3-2）。

表3-2　××保湿洗发水备案申请表

备案申请表	产品名称命名依据	产品配方	产品执行的标准	产品标签	产品检验报告	产品安全评估资料
产品信息						
备案编号：	XG妆网备字20230120yy		产品名称（中文）：查看相似产品		××保湿洗发水	
分类编码						
功效宣称	作用部位	产品剂型	使用人群		使用方法	备注说明
09清洁	01头发	02液体	03普通人群		01淋洗	

【案例3】产品名称为"××玻尿酸抗皱精华霜"，产品名称中含有"抗皱"，分类编码项下功效宣称仅选择"11保湿"，产品名称与分类编码项下所选功效宣称不相符（表3-3）。

表3-3　××玻尿酸抗皱精华霜备案申请表

备案申请表	产品名称命名依据	产品配方	产品执行的标准	产品标签	产品检验报告	产品安全评估资料
产品信息						
备案编号：	XG妆网备字20230120zz		产品名称（中文）：查看相似产品		××玻尿酸抗皱精华霜	
分类编码						
功效宣称	作用部位	产品剂型	使用人群		使用方法	备注说明
11保湿	05面部	01膏霜乳	03普通人群		02驻留	

【案例4】产品名称为"××洗发露"，产品名称中含有"洗发"，备案申请表分类编码功效宣称项下仅选择"21护发"，产品名称与分类编码项下所选功效宣称不相符（表3-4）。

表3-4　××洗发露备案申请表

备案申请表	产品名称命名依据	产品配方	产品执行的标准	产品标签	产品检验报告	产品安全评估资料
产品信息						
备案编号：	XG妆网备字20230120aa		产品名称（中文）：查看相似产品		××洗发露	
分类编码						
功效宣称	作用部位	产品剂型	使用人群		使用方法	备注说明
21护发	01头发	01膏霜乳	03普通人群		01淋洗	

【**案例5**】产品名称为"××控油面膜"，产品名称中含有"控油"，备案申请表分类编码功效宣称项下仅选择"09清洁"，产品名称与分类编码项下所选功效宣称不相符（表3-5）。

表3-5　　××控油面膜备案申请表

备案申请表	产品名称命名依据	产品配方	产品执行的标准	产品标签	产品检验报告	产品安全评估资料
	产品信息					
备案编号：XG妆网备字20230120bb	产品名称（中文）：　　　　　　　　××控油面膜					
	查看相似产品					
分类编码						
功效宣称	作用部位	产品剂型	使用人群	使用方法	备注说明	
09清洁	05面部	01膏霜乳	03普通人群	02驻留		

【**案例6**】产品名称为"××修护面膜"，产品名称中含有"修护"，备案申请表分类编码功效宣称项下仅选择"17舒缓"，产品名称与分类编码项下所选功效宣称不相符（表3-6）。

表3-6　　××修护面膜备案申请表

备案申请表	产品名称命名依据	产品配方	产品执行的标准	产品标签	产品检验报告	产品安全评估资料
	产品信息					
备案编号：XG妆网备字20230120cc	产品名称（中文）：　　　　　　　　××修护面膜					
	查看相似产品					
分类编码						
功效宣称	作用部位	产品剂型	使用人群	使用方法	备注说明	
17舒缓	05面部	02液体10贴、膜、含基材	03普通人群	02驻留		

3.**解析**　化妆品备案人是化妆品质量安全的第一责任人，备案人对提交的备案资料的真实性和科学性负责，对产品全生命周期质量安全和功效宣称负责。《化妆品分类规则和分类目录》是化妆品监督管理的基础性技术指南，如果产品分类编码填报错误，将会对备案资料各环节的相关技术要求的判断造成影响。当同一产品具有多种功效宣称时，应根据产品实际情况进行准确选择，无错选或漏选。

【**案例1**】产品名称为"××舒缓卸妆液"，产品名称中含有"舒缓"，舒缓是指有助于改善皮肤刺激等状态。该产品分类编码项下所填写的卸妆功效是指用于除去施用部位的彩妆等其他化妆品，从产品名称可看出，该产品同时具有"舒缓"和"卸妆"两种功效作用，则分类编码项下应根据产品实际功效，至少同时选择"10卸妆"和"17舒缓"。此外需要注意的是，依据《化妆品功效宣称评价规范》第九条"具有抗皱、紧致、舒缓、控油、去角质、防断发和去屑功效，以及宣称温和（如无刺激）或量化指标（如功效宣称保持时间、功效宣称相关统计数据等）的化妆品，应当通过化妆品功效宣称评价试验方式，可以同时结合文献资料或研究数据分析结果，进行功效宣称评价。"宣称舒缓功效，应开展相应的功效宣称评价。

【案例2】产品名称为"××保湿洗发水"，产品名称中含有"保湿"，则该产品在洗发水的基础功效"清洁"的基础上同时具有"保湿"等相关功效，应在分类编码项下功效宣称选择"09清洁"的基础上，根据产品的实际功效宣称选择"11保湿"等相关功效宣称。

【案例3】产品名称为"××抗皱精华霜"，产品名称中含有"抗皱"，即该产品宣称具有抗皱功效，根据功效宣称分类目录，抗皱功效是指有助于减缓皮肤皱纹产生或使皱纹变得不明显。而保湿功效是指用于补充或增强施用部位水分、油脂等成分含量；有助于保持施用部位水分含量或减少水分流失。根据产品的实际功效宣称，该产品在分类编码项下功效宣称应至少同时选择"11保湿"和"15抗皱"。

【案例4】产品名称为"××洗发露"，该产品备案申请表分类编码功效宣称项下仅选择"21护发"，洗发露通常是专门用于清洁头发的洗护产品，清洁是洗发露的基本功效之一，该产品应当在分类编码功效宣称项下进行选择清洁功效。产品若同时具有护发功效，可以在分类编码功效宣称项下同时选择"09清洁"和"21护发"。

【案例5】产品名称为"××控油面膜"，产品名称中含有"控油"，即该产品宣称有助于减缓使用部位皮脂分泌和沉积，或使施用部位出油现象不明显，与"清洁"所对应的用于除去施用部位表面的污垢及附着物是不一致的，该产品应根据产品的实际功效宣称，在分类编码项下功效宣称选择"09清洁"的基础上，在分类编码项下同时选择"09清洁"和"18控油"等相关功效宣称。

【**案例6**】产品名称为"××修护面膜"，"修护"是指有助于维护使用部位保持正常状态，而分类编码项下选择的"舒缓"是指有助于改善皮肤刺激等状态，二者的侧重点不同，同时根据《化妆品功效宣称评价规范》第十条"具有祛斑美白、防晒、防脱发、祛痘、滋养和修护功效的化妆品，应当通过人体功效评价试验方式进行功效宣称评价。"因此该产品应根据产品的实际功效宣称，在分类编码项下至少同时选择"08 修护"和"17 舒缓"，并应通过人体功效评价试验方式进行修护功效的功效宣称评价。

（二）产品名称与作用部位应相符

1.法规

（1）《化妆品分类规则和分类目录》

第六条　作用部位应当根据产品标签中的具体施用部位合理选择对应序号。宣称作用部位包含"眼部"或者"口唇"的化妆品，编码中应当包含对应序号，并按照"眼部"或"口唇"化妆品的安全性和功效宣称要求管理。

（2）依据作用部位分类目录，普通化妆品的作用部位应符合下列部位及说明。

1）头发　染发、烫发产品仅能对应此作用部位；防晒产品不能对应此作用部位。

2）体毛　不包括头面部毛发。

3）躯干部位　不包含头面部、手、足。

4）头部　不包含面部。

5）面部　不包含口唇、眼部；脱毛产品不能对应此作用部位。

6）眼部　包含眼周皮肤、睫毛、眉毛；脱毛产品不能对应此作用部位。

7）口唇　祛斑美白、脱毛产品不能对应此作用部位。

8）手、足　除臭产品不能对应此作用部位。

9）全身皮肤　不包含口唇、眼部。

10）指（趾）甲。

宣称作用部位包含"眼部"或者"口唇"的化妆品，编码中应包含对应序号，应按照"眼部"或"口唇"化妆品的安全性和功效宣称要求管理。

2.案例

【**案例1**】产品名称为"××眼部精华"，分类编码项下作用部位仅选择"05面部",产品名称中"眼部"与分类编码项下所填写的作用部位不一致(表3-7)。

表3-7 ××眼部精华备案申请表

备案申请表	产品名称命名依据	产品配方	产品执行的标准	产品标签	产品检验报告	产品安全评估资料
			产品信息			
备案编号:	XG妆网备字20230120dd		产品名称(中文):		××眼部精华	
			查看相似产品			
分类编码						
功效宣称	作用部位	产品剂型	使用人群		使用方法	备注说明
11 保湿	05 面部	03 凝胶	03 普通人群		02 驻留	

【案例2】产品名称为"××除臭露",产品名称中明确产品功效宣称为"除臭",分类编码项下作用部位填写"08 手、足",与作用部位分类目录中对"08 手、足"的说明(除臭产品不能对应此部位)不符(表3-8)。

表3-8 ××除臭露备案申请表

备案申请表	产品名称命名依据	产品配方	产品执行的标准	产品标签	产品检验报告	产品安全评估资料
			产品信息			
备案编号:	XG妆网备字20230120ee		产品名称(中文):		××除臭喷雾	
			查看相似产品			
分类编码						
功效宣称	作用部位	产品剂型	使用人群		使用方法	备注说明
14 除臭	03躯干部位08手 足	08 喷雾剂	03 普通人群		02 驻留	

【案例3】产品名称为"××腿膜",产品使用方法中"1.清水洗净双脚及腿部···;2.套上腿膜,让脚部和腿部肌肤紧密接触膜布精华液",产品名称提示该产品可用于"腿部",产品使用方法中也显示该产品可同时施用于"腿部"和"脚部",与备案申请表分类编码项下所选作用部位"08 手、足"不符。

3.解析

【案例1】产品名称为"××眼部精华",产品名称中明确使用部位为眼部,根据《化妆品分类规则和分类目录》第六条"宣称作用部位包含'眼部'或者'口唇'的化妆品,编码中应当包含对应序号,并按照'眼部'或'口唇'化妆品的安全性和功效宣称要求管理。"根据作用部位分类目录，面部不包含口唇、眼部。眼部产品相较于面部产品也存在更大的风险，因此眼部产品在"菌落总数"微生物指标、毒理学试验等方面相关技术要求更为严格。因此案例1中产品的备案申请表分类编码项下作用部位应选择"06眼部"，并按照眼部产品的相关要求进行备案资料的填报。

【案例2】产品名称为"××除臭喷雾"，产品使用方法中显示"……也可按需喷于足部"，备案申请表分类编码项下作用部位填写为03躯干部位和"08手、足"，根据作用部分分类目录中对"08手、足"的说明，除臭产品不能对应此部位。因此，该产品不可以用于手、足部位。

【案例3】产品名称为"××腿膜"，产品使用方法中"1.清水洗净双脚及腿部…；2.套上腿膜，让脚部和腿部肌肤紧密接触膜布精华液"，产品名称和使用方法均显示使用部位包括腿部，依据作用部位分类目录，腿部属于"03躯干部位"，产品使用方法显示该产品可同时使用在脚部和腿部，因此，在备案申请表分类编码项下作用部位应选择"03躯干部位"和"08手、足"。

（三）产品名称与使用方法应相符

（1）《化妆品安全技术规范》

2.9淋洗类化妆品：在人体表面（皮肤、毛发、甲、口唇等）使用后及时清洗的化妆品。

2.10驻留类化妆品：除淋洗类产品外的化妆品。

（2）《化妆品分类规则和分类目录》

第八条　使用方法同时包含淋洗和驻留的，应当按驻留类化妆品选择对应序号，并按照驻留类化妆品的安全性和功效宣称要求管理。

2.案例

【案例1】产品名称为"××洗面奶"，产品使用方法显示"早晚使用，取适量于面部肌肤轻轻按摩，用温水洗净即可。"产品名称与产品使用方法均提示该产品属于淋洗类产品，与备案申请表分类编码项下使用方法所选"02驻留"不符。

【案例2】产品名称为"××免洗护发素"，产品使用方法显示"干头发中，取适量本品涂抹均匀，轻揉头发促进吸收。"产品名称和产品使用方法与备案申请表分类编码项下使用方法所选"01淋洗"不符。

3.解析

【案例1】产品名称为"××洗面奶",产品使用方法显示该产品"在轻轻按摩后用温水洗净",产品在使用后及时清洗,符合淋洗类化妆品的定义,备案申请表分类编码项下使用方法应选择"01淋洗"。产品安全评估资料中的原料安全评估数据可采用淋洗类数据。

【案例2】产品名称为"××免洗护发素",产品使用方法显示"干头发中,取适量本品涂抹均匀,轻揉头发促进吸收。"使用方法显示该产品使用在涂抹轻揉后,无需进行清洗,备案申请表分类编码项下使用方法应选择"02驻留"。

备案申请表分类编码项下使用方法应依据产品名称和具体使用方法来进行综合判定,产品检验报告和产品安全评估资料也应按照产品使用方法来完成相应试验和引用相关评估数据。

(四)产品名称与产品剂型应相符

1.法规

(1)《化妆品分类规则和分类目录》

第三条　化妆品注册人、备案人应当根据化妆品功效宣称、作用部位、使用人群、产品剂型和使用方法,按照本规则和目录进行分类编码。

(2)普通化妆品的产品剂型选择应符合下列剂型及说明。

1)膏霜乳　膏、霜、蜜、脂、乳、乳液、奶、奶液等。

2)液体　露、液、水、油、油水分离等。

3)凝胶　啫喱、胶等。

4)粉剂　散粉、颗粒等。

5)块状　块状粉、大块固体等。

6)泥　泥状固体等。

7)蜡基　以蜡为主要基料的。

8)喷雾剂　不含推进剂。

9)气雾剂　含推进剂。

10)贴、膜、含基材　贴、膜、含配合化妆品使用的基材的。

11)冻干　冻干粉、冻干片等。

2.案例

【案例1】产品名称为"××按摩油"，产品执行的标准项下性状为"液体"（表3-9），备案申请表产品剂型选择"其他"（表3-10）与产品实际剂型信息不符。

表3-9　　××按摩油产品执行的标准

备案 申请表	产品名称 命名依据	产品 配方	产品执行 的标准	产品 标签	产品 检验报告	产品安全 评估资料
感官指标						
项目：	颜色		指标：		深黄色	
项目：	性状		指标：		液体	
项目：	气味		指标：		有原料特征性气味	

表3-10　　××按摩油备案申请表

备案 申请表	产品名称 命名依据	产品 配方	产品执行 的标准	产品 标签	产品 检验报告	产品安全 评估资料
产品信息						
备案编号：	XG妆网备字20230120ff		产品名称（中文）：		××按摩油	
			查看相似产品			
分类编码						
功效宣称	作用部位	产品剂型	使用人群	使用方法		备注说明
11保湿	09全身皮肤	12其他	03普通人群	02驻留		

【案例2】产品名称为"××浴盐"，产品执行的标准项下性状为"粉剂"（表3-11），备案申请表产品剂型选择"其他"（表3-12）与产品实际剂型信息不符。

表3-11　　××浴盐产品执行的标准

备案 申请表	产品名称 命名依据	产品 配方	产品执行 的标准	产品 标签	产品 检验报告	产品安全 评估资料
感官指标						
项目：	颜色		指标：		深黄色至淡褐色粉末	
项目：	性状		指标：		粉剂	
项目：	气味		指标：		有原料特征性气味	

表3-12　××浴盐备案申请表

备案 申请表	产品名称 命名依据	产品 配方	产品执行 的标准	产品 标签	产品 检验报告	产品安全 评估资料
			产品信息			
备案编号：	XG妆网备字20230120hh		产品名称（中文）：		××浴盐	
			查看相似产品			
分类编码						
功效宣称	作用部位	产品剂型	使用人群	使用方法	备注说明	
07滋养	03躯干部位	12其他	03普通人群	01淋洗		

【案例3】产品名称为"××喷雾剂"，备案申请表产品剂型选择"液体"与产品实际剂型信息不符（表3-13）。

表3-13　××喷雾剂备案申请表

备案 申请表	产品名称 命名依据	产品 配方	产品执行 的标准	产品 标签	产品 检验报告	产品安全 评估资料
			产品信息			
备案编号：	XG妆网备字20230135bb		产品名称（中文）：		××喷雾剂	
			查看相似产品			
分类编码						
功效宣称	作用部位	产品剂型	使用人群	使用方法	备注说明	
11保湿	09全身皮肤	02液体	03普通人群	02驻留		

3.解析

【案例1】产品名称为"××按摩油"，产品名称属性名显示该产品为"油"类，产品执行的标准项下性状为"液体"，与产品剂型分类目录项下"02液体"对应说明中的"油"相符，备案申请表产品剂型应选择"02液体"。

【案例2】产品名称为"××浴盐"，产品执行的标准项下性状为"粉剂"，备案申请表产品剂型应选择"04粉剂"。

【案例3】产品名称为"××喷雾剂"，若产品中不含"推进剂"，备案申请表产品剂型应至少选择"08喷雾剂"；若产品中含有"推进剂"，备案申请表产品剂型应至少选择"09气雾剂"。

在填写备案申请表分类编码项下产品剂型时，应根据产品实际情况，通过与产品剂型分类目录中的产品剂型及说明进行仔细比对、分析后再做出选择。

（五）产品名称与使用人群应相符

1.法规 《化妆品分类规则和分类目录》

第七条 宣称使用人群包括"婴幼儿""儿童"的化妆品，编码中应当包含对应序号，并按照"婴幼儿""儿童"化妆品的安全性和功效宣称要求管理。

2.案例 产品名称为"××婴儿沐浴露"，产品名称中含有"婴儿"，备案申请表分类编码项下使用人群选择"03普通人群"与产品名称不符（表3-14）。

表3-14 ××婴儿沐浴露备案申请表

备案申请表	产品名称命名依据	产品配方	产品执行的标准	产品标签	产品检验报告	产品安全评估资料
			产品信息			
备案编号：	XG妆网备字20230120ii		产品名称（中文）：		××婴儿沐浴露	
			查看相似产品			
分类编码						
功效宣称	作用部位	产品剂型	使用人群		使用方法	备注说明
09清洁	09全身皮肤	02液体	03普通人群		01淋洗	

3.解析 儿童化妆品一直是化妆品安全监管的重点，婴幼儿和儿童的皮肤，与成人在皮肤结构，特点，功能要求上不同。与成年人相比，0～1周岁"婴幼儿"的皮肤较薄，皮脂腺较少，发育尚不完善，比表面积更大，皮肤保湿和缓冲能力较差；1～3周岁"婴幼儿"的皮肤结构已趋于完整，但角质层、表皮层仍较薄，皮肤屏障功能尚未成熟，抵御微生物污染和外来物刺激的能力也较弱，更容易发生接触性皮炎等不良反应，并且需要较长时间恢复。因此"婴幼儿"化妆品和"儿童"化妆品在质量安全监管方面较普通人群化妆品更加严格。

儿童化妆品按照使用人群年龄阶段的不同分为供"婴幼儿"（0～3周岁，含3周岁）使用和供"儿童"（3～12周岁，含12周岁）使用。使用人群为"婴幼儿"的化妆品，功效宣称仅限于清洁、保湿、护发、防晒、舒缓、爽身；

使用人群为"儿童"的化妆品，功效宣称仅限于清洁、卸妆、保湿、美容修饰、芳香、护发、防晒、修护、舒缓、爽身；不符合以上功效宣称的儿童化妆品按新功效化妆品申请注册。产品标签标识"适用于全人群""全家使用"等词语或者利用商标、图案、谐音、字母、汉语拼音、数字、符号、包装形式等暗示产品使用人群包含儿童的产品，应当遵循儿童化妆品的相关法规和技术标准要求。

"婴幼儿"化妆品和"儿童"化妆品在产品配方原料选择、标签标识、产品执行的标准、安全评估等方面要求更为严格。儿童产品的配方设计应遵循安全优先原则、功效必需原则、配方极简原则，使用相对简单的产品配方，减少使用可能含易致敏组分或者有较强刺激性的原料。儿童化妆品应当在销售包装展示面标注国家药监局规定的儿童化妆品标志——"小金盾"，儿童化妆品应当以"注意"或者"警告"作为引导语，在销售包装可视面标注"应当在成人监护下使用"等警示用语。

案例中产品的产品名称明确产品属于"婴儿"适用产品，在备案申请表分类编码项下使用人群应选择"婴幼儿"，同时，根据《化妆品安全评估技术导则》，该产品的安全评估资料中在危害识别、暴露量计算等方面，应结合婴幼儿生理特点。安全评估资料中应明确其配方设计的原则，并对配方使用原料的必要性进行说明，特别是香料、着色剂、防腐剂及表面活性剂等原料。原则上婴幼儿适用的儿童化妆品不允许使用以祛斑美白、祛痘、脱毛、除臭、去屑、防脱发、染发、烫发为目的的原料，如因其他目的的使用可能具有上述功效的原料时，需对使用的必要性及针对儿童化妆品使用的安全性进行评价。

二、备案申请表中检验报告号应当规范填写

（1）《化妆品注册备案资料管理规定》

第七条 化妆品注册备案资料中，出现的同项内容应当保持前后一致；有相关证明文件的，应当与证明文件中所载内容一致。

第三十三条 注册或者备案产品的产品检验报告，由化妆品注册和备案检验机构出具，应当符合《化妆品安全技术规范》《化妆品注册和备案检验工作规范》等相关法规的规定。

（一）产品检验报告包括微生物与理化检验、毒理学试验、人体安全性试验报告和人体功效试验报告等。

（2）国家药品监督管理局《关于优化普通化妆品备案检验管理措施有关事宜的公告》（2023年第13号）

为进一步深化"放管服"改革，落实企业主体责任，根据《化妆品监督管理条例》《化妆品注册备案管理办法》等规定，按照风险管理的原则，国家药监局决定进一步优化普通化妆品备案检验管理措施。现就有关事宜公告如下：

一、自本公告发布之日起，普通化妆品采用检验方式作为质量控制措施且生产环节已纳入省级药品监督管理部门的日常监管范围，产品安全风险评估结果能够充分确认产品安全性的，备案人在进行产品备案时，可提交由化妆品备案人或受托生产企业按照化妆品技术规范相关要求开展自检并出具的检验报告。具有下列情形之一的除外：

（一）产品宣称婴幼儿和儿童使用的；

（二）产品使用尚在安全监测中的化妆品新原料的；

（三）产品宣称具有祛痘、滋养、修护、抗皱、去屑、除臭等功效的；

（四）产品可能存在较高安全风险的其他情形。

产品备案时提交自检报告的，备案人应当同时提交具备《化妆品注册和备案检验工作规范》规定的化妆品备案检验相应检验能力的声明，提供开展自检的相应检验人员、设备设施和场所环境等情况说明，并承诺对检验报告的真实性、准确性负责。

2.案例 某产品的检验报告项下上传了两份由化妆品注册和备案检验检测机构出具的检验报告，两份检验报告的检验受理编号分别为GF00622022053AAA和GF00622022086BBB。备案申请表生产信息项下的"检验报告编号"中只填写了其中一份报告的检验受理编号GF00622022053AAA，未填写编号：GF00622022086BBB（表3-15，表3-16）。

表3-15 某产品产品检验报告

备案申请表	产品名称命名依据	产品配方	产品执行的标准	产品标签	产品检验报告	产品安全评估资料
检验报告附件汇总						
	GF00622022053AAA，GF00622022086BBB					
检验报告：	□自检检验报告					
	☑第三方检验报告					
文件名	附件类型	大小	时间	检验单位		操作
九项报告	第三方检验报告	435.75KB	2023-10-09	A检测有限公司		查看|下载
二噁烷报告	第三方检验报告	235.75KB	2023-10-09	A检测有限公司		查看|下载

表3-16 某产品备案申请表

备案申请表	产品名称命名依据	产品配方	产品执行的标准	产品标签	产品检验报告	产品安全评估资料
生产信息						
*生产信息：	☑境内自主生产 □境内委托生产					
生产许可证号：	××妆202100××					
*生产地址：	××省××市××区一街2号					
*检验报告号：	GF00622022053AAA					

3.解析 检验报告编号，应当录入化妆品注册和备案检验检测机构出具的微生物与理化检验、毒理学试验、人体安全性试验报告和人体功效试验报告等对应的产品检验受理编号或者由化妆品备案人或受托生产企业按照化妆品技术规范相关要求开展自检并出具的检验报告的报告编号。检验受理编号和自检报告编号是针对具体检验任务编制的、用于表示该检验任务的唯一编号。检验受理编号和自检报告编号通常是检验报告最为重要的标识之一，在确保该份报告所检产品唯一性和真实性中发挥突出作用，可以帮助监督管理机构或相关部门在追溯过程中提高效率、保证监管工作的科学性和准确性。备案申请表项下"检验报告号"处应录入所有符合要求的检验受理编号和（或）自检报告编号。

三、备案申请表中应提交相关证明材料

1.法规

（1）《化妆品注册备案资料管理规定》第五十九条规定"普通产品注销后

再次备案时，应当提交情况说明"。

（2）《化妆品注册备案资料管理规定》第二十七条规定"（三）委托境内企业生产的化妆品，注册人、备案人或者境内责任人应当选择已开通用户权限的生产企业进行关联，经生产企业确认后提交注册申请或者办理备案。委托境外企业生产的化妆品，注册人、备案人或者境内责任人应当提交委托关系文件。""（四）进口产品应当提供由化妆品注册人、备案人所在国或生产国（地区）政府主管部门或者行业协会等机构出具的已上市销售证明文件，境内注册人、备案人委托境外生产企业生产的和产品配方专为中国市场设计的除外"。

2. 案例

【案例1】系统提示产品为注销后再次备案产品，备案申请表中未提交注销再次备案说明文件（表3-17）。

表3-17　注销后再次备案产品备案申请表

备案 申请表	产品名称 命名依据	产品 配方	产品执行 的标准	产品 标签	产品 检验报告	产品安全 评估资料
其他信息						
配合仪器使用产品						
人体检验报告号：						
使用已注册新原料						
使用已备案新原料						
注销再次备案说明文件	查看					

【案例2】未提交委托关系文件或已上市销售证明文件情形：委托生产的进口普通化妆品未上传委托关系文件，进口普通化妆品未上传已上市销售证明文件。

3. 解析

【案例1】根据国家药品监督管理局网站发布的《化妆品监督管理常见问题解答（四）》"根据《化妆品监督管理条例》《化妆品注册备案管理办法》和化妆品注册备案相关法规规定，对不再生产、进口的产品，备案人可在备案平台主动申请注销。备案人主动注销产品既有利于维护消费者的知情权，同时提高了监管部门效率。申请主动注销的产品，如不存在违反法律法规的情形，备案信息注销前已上市的相关产品，可以销售至保质期结束。而监管部门取消备案是对违法行为的惩罚措施，按照《化妆品监督管理条例》六十五条规定，备案部门取消备案的产品自取消备案之日起不得上市销售、进口，仍然上市销售、进口该产品的，监管部门将按照规定依法予以处罚。"备案人可以对不再生产、进口的产品主动申请注销。如果注销后，备案人再次生产或进口的，需要在备案申请表项下提交注销后再次备案的说明文件。注销后再次备案说明文件可参考以下格式，情况说明内容仅供参考。

产品注销后再次备案情况说明

×××精华液（产品名称）

本产品是注销后再次备案的产品，原备案编号为×××，于××××年××月××日注销，后因××需要（注销后再次备案的原因），备案人申请再次备案，并且自主变更了×××（与原备案产品的差别）。本产品是非安全性原因注销的，根据《化妆品注册备案资料管理规定》第五十九条，普通产品注销后再次备案时，应当提交情况说明。

特此说明。

×××（备案人或境内责任人签章）
××××年××月××日

【案例2】国产普通化妆品的备案人和受托生产企业可通过备案系统确立委托关系，可不提交委托关系文件。进口普通化妆品因备案人或受托生产企业为境外企业，需提交委托关系文件和已上市销售证明文件。

备案信息表中存在的主要问题情形包括申请表中产品名称与分类编码项下功效宣称、作用部位、使用方法、产品剂型、使用人群不符；备案信息表中检验报告号填写不完整或不准确；备案信息表中未按要求提交注销再次备案说明文件或未提交委托关系文件或已上市销售证明文件等。在资料审核过程中需要注意化妆品注册备案资料中出现的同项内容是否保持前后一致；是否按照法规要求提交备案资料等。

第四章 产品名称及命名依据

👉 引言

　　产品中文名称一般由商标名、通用名和属性名三部分组成，约定俗成、习惯使用的化妆品名称可以省略通用名或者属性名，产品名称命名依据中应当指明商标名、通用名、属性名，并分别说明其具体含义。通过本章的学习应掌握对产品名称命名依据的常见问题判定。

一、产品名称命名依据应按要求说明具体含义

1.法规

　　（1）《化妆品注册备案资料管理规定》第二十八条规定"注册人、备案人应当提交产品名称命名依据，产品名称命名依据中应当指明商标名、通用名、属性名，并分别说明其具体含义。"

　　（2）《化妆品标签管理办法》

　　第八条　化妆品产品中文名称一般由商标名、通用名和属性名三部分组成，约定俗成、习惯使用的化妆品名称可以省略通用名或者属性名，商标名、通用名和属性名应当符合下列规定要求：

　　（一）商标名的使用除符合国家商标有关法律法规的规定外，还应当符合国家化妆品管理相关法律法规的规定。不得以商标名的形式宣称医疗效果或者产品不具备的功效。以暗示含有某类原料的用语作为商标名，产品配方中含有该类原料的，应当在销售包装可视面对其使用目的进行说明；产品配方不含有该类原料的，应当在销售包装可视面明确标注产品不含该类原料，相关用语仅作商标名使用；

　　（二）通用名应当准确、客观，可以是表明产品原料或者描述产品用途、使用部位等的文字。使用具体原料名称或者表明原料类别的词汇的，应当与产品配方成分相符，且该原料在产品中产生的功效作用应当与产品功效宣称相符。使用动物、植物或者矿物等名称描述产品的香型、颜色或者形状的，配方中可以不含此原料，命名时可以在通用名中采用动物、植物或者矿物等名称加香型、颜色或者形状的形式，也可以在属性名后加以注明；

　　（三）属性名应当表明产品真实的物理性状或者形态；

（四）不同产品的商标名、通用名、属性名相同时，其他需要标注的内容应当在属性名后加以注明，包括颜色或者色号、防晒指数、气味、适用发质、肤质或者特定人群等内容。

2.案例

【案例1】产品名称为"××净透双重精华水"，产品名称命名依据中填写内容为"商标名：××，通用名：净透双重精华，属性名：水。命名依据：根据产品特点命名"，未分别说明商标名××、通用名净透双重精华、属性名水的具体含义（表4-1）。

表4-1 ××净透双重精华水产品名称命名依据

产品名称命名依据			
商标名：	××	通用名：	净透双重精华
属性名：	水	后缀：	/
命名依据：	根据产品特点命名。		

【案例2】产品名称为"××走珠舒缓纯露"，命名依据中填写内容为"商标名：××，通用名：走珠舒缓纯露；属性名：纯露。命名依据：走珠是容器的使用方式。"产品名称命名依据中未分别说明产品商标名××、通用名走珠舒缓的具体含义。通用名和属性名中重复填写"纯露"（表4-2）。

表4-2 ××走珠舒缓纯露产品名称命名依据

产品名称命名依据			
商标名：	××	通用名：	走珠舒缓纯露
属性名：	纯露	后缀：	无
命名依据：	走珠是容器的使用方式。		

【案例3】产品名称为"××胶原精华液"，产品命名依据中填写内容为"商标名：××；通用名：胶原精华；属性名：液。命名依据：含有胶原精华的液体"，未分别说明产品商标名××、通用名胶原精华的具体含义（表4-3）。

表4-3 ××胶原精华液产品名称命名依据

产品名称命名依据			
商标名：	××	通用名：	胶原精华
属性名：	液	后缀：	无
命名依据：	含有胶原精华的液体。		

【案例4】产品名称为××清润洁面慕斯，产品名称命名依据中填写内容为"商标名：××；通用名：清润洁面；属性名：慕斯。命名依据：根据产品功效来命名的；清润洁面指清楚肌肤的油垢及残妆，令肌肤倍感清爽洁净"，产品名称命名依据中未分别说明产品商标名××、属性名慕斯的具体含义（表4-4）。

表4-4 ××清润洁面慕斯产品名称命名依据

产品名称命名依据			
商标名：	××	通用名：	清润洁面
属性名：	慕斯	后缀：	无
命名依据：	根据产品功效来命名的；清润洁面指清楚肌肤的油垢及残妆，令肌肤倍感清爽洁净。		

3.解析 化妆品产品中文名称一般由商标名、通用名和属性名三部分组成，约定俗成、习惯使用的化妆品名称可以省略通用名或者属性名。常见的约定俗成、习惯使用的化妆品名称包括但不限于眼影、口红、粉底、唇釉、腮红、胭脂、护发素、精华素、香波等。备案资料填报中产品名称命名依据模块常见问题为未分别对商标名、通用名、属性名和后缀名的具体含义进行解释或对商标名、通用名、属性名和后缀名的具体含义的解释不合理，存在不符合《化妆品标签管理办法》第八条等规定的问题情形。

二、产品名称与产品命名依据中信息应一致

1.法规

（1）《化妆品监督管理条例》第十九条规定"注册申请人、备案人应当对所提交资料的真实性、科学性负责。"

（2）《化妆品注册备案资料管理规定》

　　第三条　化妆品注册人、备案人应当遵循风险管理的原则，以科学研究为基础，对提交的注册备案资料的合法性、真实性、准确性、完整性和可追溯性负责，并且承担相应的法律责任。境外化妆品注册人、备案人应当对境内责任人的注册备案工作进行监督。

　　第七条　化妆品注册备案资料中，出现的同项内容应当保持前后一致；有相关证明文件的，应当与证明文件中所载内容一致。

　　2.案例

　　【案例1】产品名称为"×润祛痘精华液"，产品名称命名依据中商标名项下填写为"×润×run"，二者不一致。

　　注："×润"仅为举例，不代表实际注册商标。

　　【案例2】产品名称为"××叶抗皱紧致按摩乳"，产品名称命名依据中填写内容为"商标名：××叶，通用名：抗皱紧致，属性名：按摩乳。命名依据：××叶五肽抗皱按摩乳。1.商标名为"××叶"，无含义。2.通用名为"五肽抗皱按摩乳"，"五肽"是指本配方含有五种肽类成分，"抗皱紧致"是指改善面部皱纹松弛，紧致面部肌肤。3.属性名为"按摩乳"，指用按摩的手法使用产品，产品物理形态呈现乳状。"命名依据中出现了产品名称中未见的"五肽"，与产品名称"××叶抗皱紧致按摩乳"不一致（表4–5）。

表4–5　××叶抗皱紧致按摩乳产品名称命名依据

产品名称命名依据			
商标名：	××叶	通用名：	抗皱紧致
属性名：	按摩乳	后缀：	/
命名依据：	××叶五肽抗皱按摩乳 1.商标名为"××叶"，无含义。 2.通用名为"五肽抗皱按摩乳"，"五肽"是指本配方含有五种肽类成分，"抗皱紧致"是指改善面部皱纹松弛，紧致面部肌肤。 3.属性名为"按摩乳"，指用按摩的手法使用产品，产品物理形态呈现乳状。		

　　注："××叶"仅为举例，不代表实际注册商标。

　　【案例3】产品名称"花蕾樱花茶麸修护精华乳"，产品名称命名依据中填写内容为"商标名：花蕾，通用名：樱花茶麸修护精华，属性名：乳。命名依据：花蕾商标名：无其他含义。樱花香氛通用名：樱花香精。茶麸商标名：是指成分山茶（CAMELLIA JAPONICA）籽饼提取物。修护商标名：指修护功效。精华商标名：修饰语形容高端。乳属性名：指产品状态。"命名依据中将"樱花""茶麸""修护"均判定为商标名，与商标名、通用名栏中填写内容不一致（表4-6）。

表4-6 花蕾樱花茶麸修护精华乳产品名称命名依据

产品名称命名依据			
商标名：	花蕾	通用名：	樱花茶麸修护精华
属性名：	乳	后缀：	/
命名依据：	花蕾商标名：无其他含义。 樱花香氛通用名：樱花香精。 茶麸商标名：是指成分山茶（CAMELLIA JAPONICA）籽饼提取物。 修护商标名：指修护功效。 精华商标名：修饰语形容高端。 乳属性名：指产品状态。		

注："花蕾"仅为举例，不代表实际注册商标。

3.解析 备案资料中出现的同项内容保持前后一致是化妆品备案资料的基本要求之一，同时也是保证化妆品备案资料真实性的基本条件。

三、产品中文名称中商标名使用应当规范

1.法规

（1）《化妆品监督管理条例》第十九条规定"注册申请人、备案人应当对所提交资料的真实性、科学性负责。"

（2）《化妆品注册备案资料管理规定》第七条规定"化妆品注册备案资料中，出现的同项内容应当保持前后一致"。

（3）《化妆品注册备案资料管理规定》第二十八条规定"产品中文名称中商标名使用字母、汉语拼音、数字、符号等的，应当提供商标注册证"。

2.案例

【案例1】产品名称为"XOKECARE焕颜精华水"，产品名称命名依据中填写内容为"商标名：XOKECARE，通用名：焕颜精华，属性名：水。命名依据："XOKECARE"——注册商标，无实质含义。"焕颜精华"——含有多种植物精华成分，使面部肌肤焕发水润容颜；水——产品性状，该产品为液体。"命名依据显示"XOKECARE"为商标名，且为注册商标，未提供商标注册证（表4-7）。

表4-7 XOKECARE焕颜精华水产品名称命名依据

产品名称命名依据			
商标名：	XOKECARE	通用名：	焕颜精华
属性名：	水	后缀：	/
命名依据：	"XOKECARE"——注册商标，无实质含义。"焕颜精华"——含有多种植物精华成分，使面部肌肤焕发水润容颜；水——产品性状，该产品为液体。		
文件名	暂无数据		

注："XOKECARE"仅为举例，不代表实际注册商标。

【案例2】产品名称为"XMOTAX她家祛屑控油洗发露"，产品名称命名依据中填写内容为"商标名：XMOTAX她家，通用名：祛屑控油洗发，属性名：露。命名依据：1.XMOTAX她家是商标名称；2.祛屑控油洗发，配方中含有去屑控油成分用于清洗头发；3.露是属性名，产品内容物为液体状态。"上传的商标注册证中显示商标名为"×她家"，与产品名称命名依据中所示商标名为"XMOTAX她家"不一致（表4-8）。

表4-8 XMOTAX她家祛屑控油洗发露产品名称命名依据

产品名称命名依据			
商标名：	XMOTAX她家	通用名：	祛屑控油洗发
属性名：	露	后缀：	/
命名依据：	1.XMOTAX她家：是商标名称。 2.祛屑控油洗发：配方中含有去屑控油成分用于清洗头发。 3.露是属性名，产品内容物为液体状态。		
文件名	商标名.pdf		

注："XMOTAX她家"仅为举例，不代表实际注册商标。

3.解析 化妆品商标名的使用应当符合国家化妆品管理相关法律法规的规定，还应当符合国家有关商标管理法律法规的规定。产品名称中商标名应与上传的注册商标证的商标保持一致，所用商标非本企业的，应取得商标所有人的授权。

四、产品名称命名与产品配方组成应相符

1.法规

（1）《化妆品标签管理办法》第八条（二）项下规定"通用名应当准确、客观，可以是表明产品原料或者描述产品用途、使用部位等的文字。使用具体原料名称或者表明原料类别的词汇的，应当与产品配方成分相符，且该原

料在产品中产生的功效作用应当与产品功效宣称相符。使用动物、植物或者矿物等名称描述产品的香型、颜色或者形状的，配方中可以不含此原料，命名时可以在通用名中采用动物、植物或者矿物等名称加香型、颜色或者形状的形式，也可以在属性名后加以注明"。

（2）《化妆品标签管理办法》第八条（三）项下规定"属性名应当表明产品真实的物理性状或者形态"。

2.案例

【案例1】产品名称为"××酵母乳液"，产品名称命名依据中显示"'酵母'为通用名，表示产品中的主要功效原料，具体指产品成分表中的'酵母菌溶胞物提取物'"，命名依据中显示酵母是指"酵母菌溶胞物提取物"，而酵母与酵母菌溶胞物提取物均非同一物质，产品名称表述与产品配方组成不一致（表4-9）。

表4-9　××酵母乳液产品命名依据

产品名称命名依据			
商标名：	×××	通用名：	酵母
属性名：	乳液	后缀：	/
命名依据：	"酵母"为通用名，表示产品中的主要功效原料，具体指产品成分表中的"酵母菌溶胞物提取物"。"乳液"为属性名，表示产品外观为乳液。		
文件名	暂无数据		

【案例2】产品名称为"××乳酸菌面膜"，产品名称命名依据中显示"乳酸菌：通用名，指成分中添加的乳酸杆菌/绿豆（PHASEOLUS RADIATUS）籽提取物/谷氨酸钠发酵产物滤液"，而该产品配方中使用原料为乳酸杆菌/绿豆（PHASEOLUS RADIATUS）籽提取物/谷氨酸钠发酵产物滤液，乳酸菌与乳酸杆菌/绿豆（PHASEOLUS RADIATUS）籽提取物/谷氨酸钠发酵产物滤液二者不为同一物质，产品名称表述与产品配方组成不一致（表4-10）。

表4-10　××乳酸菌面膜产品名称命名依据

产品名称命名依据			
商标名：	×××	通用名：	乳酸菌
属性名：	乳	后缀：	/
命名依据：	××：商标名，为注册商标，无其他含义。 乳酸菌：通用名，指成分中添加的乳酸杆菌/绿豆（PHASEOLUS RADIATUS）籽提取物/谷氨酸钠发酵产物滤液。 乳：属性名，指产品为液体。		
文件名	暂无数据		

【**案例3**】产品名称为"××迷迭香纯露"，产品配方由迷迭香（ROSMARINUS OFFICINALIS）叶水、水、丙二醇、辛酰羟肟酸、甘油辛酸酯、对羟基苯乙酮组成，其中产品配方中的迷迭香叶水在配方中的实际成分含量仅为49.7%，与纯露的定义不符（表4-11）。

表4-11　××迷迭香纯露产品配方

××迷迭香纯露									
查看含量									
配方名称：	××迷迭香纯露								
对于未出现复配的【原料中成分含量（%）】默认100，【实际成分含量（%）】=【原料中成分含量（%）】×【原料含量（%）】							▨ 限用物	▪ 禁用物	▨ 新原料
标准中文名称（标红）："原料安全信息"或"原料报送码"均未填写							★ 与原料安全信息平台数据不一致		
	序号	标准中文名称	INCI名称	原料含量（%）	原料中成分含量（%）	实际成分含量（%）	主要使用目的	原料报送码	备注
☑	1	迷迭香（ROSMARINUS OFFICINALIS）叶水	ROSMARINUS OFFICINALIS（ROSEMARY）LEAF WATER	******	******	******	皮肤调理剂	10×××× - *****-**** 查看	
		水	WATER		******	******			
☐	2	丙二醇	丙二醇	丙二醇	丙二醇	丙二醇	保湿剂	10×××× - *****-**** 查看	
		辛酰羟肟酸	辛酰羟肟酸	辛酰羟肟酸	辛酰羟肟酸	辛酰羟肟酸			
		甘油辛酸酯	甘油辛酸酯	甘油辛酸酯	甘油辛酸酯	甘油辛酸酯			
☐	2	对羟基苯乙酮	HYDROXYACETOPHENONE	******	******	******	抗氧化剂	10×××× - *****-**** 查看	

标准中文名称	迷迭香（ROSMARINUS OFFICINALIS）叶水
INCI名称	ROSMARINUS OFFICINALIS（ROSEMARY）LEAF WATER
原料中成分含量（%）	50
实际成分含量（%）	49.7
备注	

【案例4】产品名称为"××精油"，该产品由10个原料组成，1号原料为椰油醇-辛酸酯/癸酸酯，2号原料为碳酸二辛酯和生育酚，3号原料为辛酸/癸酸甘油三酯，4号原料为棕榈酸异丙酯，5号原料为杏（PRUNUS ARMENIACA）仁油，6号原料为刺阿干树（ARGANIA SPINOSA）仁提取物，7号原料为油茶（CAMELLIA OLEIFERA）籽油，8号原料为辛酸/癸酸甘油三酯与蓖麻油/IPDI共聚物组成的复配原料，9号原料为（日用）香精，10号原料为欧洲榛（CORYLUS AVELLANA）籽油，其中1号原料为椰油醇-辛酸酯/癸酸酯，实际成分含量为24.85%，2号原料是碳酸二辛酯和生育酚组成的复配成分，实际成分含量为23%，3号原料为辛酸/癸酸甘油三酯，含量为22.89%，4号原料为棕榈酸异丙酯，含量为10%。1~4号这四个原料的成分含量占产品配方总量的80%以上，且该配方中的组成成分均与精油不符，产品名称表述与产品配方组成不一致。

【案例5】产品名称为"××舒缓精油"，该成分由3个原料组成，其中1号原料中含有水、缬草（VALERIANA OFFICINALIS）提取物、茯神（PORIA COCUS）提取物、白睡莲（NYMPHAEA ALBA）根提取物、啤酒花（HUMULUS LUPULUS）花提取物，2号原料为氢化蓖麻油、3号原料为苯氧乙醇，通过查看原料含量发现配方中水的实际成分含量达到84.08%，产品配方组成情况与精油不符。

3.解析

【案例1】产品名称通用名中含有"酵母"，但产品配方中对应的原料为"酵母菌溶胞物提取物"，酵母泛指能发酵糖类的各种单细胞真菌，是一类活的真菌。而酵母菌溶胞物是将酵母细胞破壁破掉，发生质壁分离，将活酵母细胞中的各类营养成分分离出来，再经过过滤提取制得的营养成分群，酵母菌溶胞物是一类营养成分群，二者并不等同。

【案例2】乳酸菌乳酸杆菌/绿豆（PHASEOLUS RADIATUS）籽提取物/谷氨酸钠发酵产物滤液与乳酸菌也不为同一物质，常见的类似情形还包括二裂酵母不等同于二裂酵母发酵溶胞产物，氨基酸类表面活性剂不等同于氨基酸等，在化妆品命名时均应予以区分。

【案例3】产品名称为××迷迭香纯露，产品配方中除含有迷迭香叶水外，还含有丙二醇、辛酰羟戊酸、甘油辛酸酯、对羟基苯乙酮等原料，且迷迭香叶水在配方的实际含量仅为49.7%。根据纯露的定义，纯露是精油在蒸馏萃取过程中，在提炼精油时分离出来的一种100%饱和的蒸馏原液，是精油的一种副产品，是芳香植物蒸馏所得的冷凝水溶液。在蒸馏萃取过程中油水会分离，因密度不同，精油会漂浮在上面，水溶液则沉淀在下面，水溶液的这部分就叫纯露。纯露中除了含有少量精油成分之外，还含有植物中的水溶性物质。案例3中产品配方组成情况与纯露的定义不符，因此该产品以纯露进行命名不恰当。

【案例4】产品名称为"××精油"，根据精油的定义，精油是从植物的花、叶、茎、根或果实中，通过水蒸气蒸馏法、挤压法、冷浸法或溶剂提取法提炼的芳香物质。精油即挥发油，是从植物（尤其是芳香类植物）的叶片、花朵、根茎、果皮、种子或树脂等部位,通过蒸馏、压榨或萃取等方法得到的芳香类、挥发性物质的总称。

从案例4的配方组成来看，配方中1号原料为椰油醇–辛酸酯/癸酸酯，2号原料为碳酸二辛酯和生育酚，3号原料为辛酸/癸酸甘油三酯，4号原料为棕榈酸异丙酯，1号原料、2号原料、3号原料和4号原料的含量之和超过80%，且配方中所含植物油不具有芳香的气味、不具有挥发性，不属于挥发油的范畴，即不属于精油的范畴，该产品以精油进行命名欠妥当。精油的命名可参考GB/T 39009—2020《精油 命名》和GB/T 14455.1—2021《精油 命名原则》。

【案例5】产品名称为"××舒缓精油"，从产品的配方组成来看，配方中水的实际成分含量达到84.08%，该配方中主要原料为水，不符合精油的定义。

五、产品名称涉及虚假或引人误解内容的情形

1.法规 《化妆品标签管理办法》

第三条 本办法所称化妆品标签，是指产品销售包装上用以辨识说明产品基本信息、属性特征和安全警示等的文字、符号、数字、图案等标识，以及附有标识信息的包装容器、包装盒和说明书。

第十九条 化妆品标签禁止通过下列方式标注或者宣称：

（一）使用医疗术语、医学名人的姓名、描述医疗作用和效果的词语或者已经批准的药品名明示或者暗示产品具有医疗作用；

（二）使用虚假、夸大、绝对化的词语进行虚假或者引人误解地描述；

（三）利用商标、图案、字体颜色大小、色差、谐音或者暗示性的文字、字母、汉语拼音、数字、符号等方式暗示医疗作用或者进行虚假宣称；

（四）使用尚未被科学界广泛接受的术语、机理编造概念误导消费者；

（五）通过编造虚假信息、贬低其他合法产品等方式误导消费者；

（六）使用虚构、伪造或者无法验证的科研成果、统计资料、调查结果、文摘、引用语等信息误导消费者；

（七）通过宣称所用原料的功能暗示产品实际不具有或者不允许宣称的功效；

（八）使用未经相关行业主管部门确认的标识、奖励等进行化妆品安全及功效相关宣称及用语；

（九）利用国家机关、事业单位、医疗机构、公益性机构等单位及其工作人员、聘任的专家的名义、形象作证明或者推荐；

（十）表示功效、安全性的断言或者保证；

（十一）标注庸俗、封建迷信或者其他违反社会公序良俗的内容；

（十二）法律、行政法规和化妆品强制性国家标准禁止标注的其他内容。

2.案例

【案例1】可能引人误解的描述：产品名称中含有"贝克敏""阡姿曲美"。

【案例2】可能暗示产品具有医疗作用：产品名称中含有"汉方""拔毒""疹""复方""家方""温椎""肩颈舒理""渗骨堂""老中医"，产品注册商标为"时珍××"同时产品标签中含有医学名人的画像等。

3.解析 产品名称属于化妆品标签的内容之一，产品名称的命名应当符合化妆品标签的相关规定。化妆品备案人应根据产品特性和具体宣称语境进行判断产品名称是否涉及违规宣称，下列违规情形供参考。

（1）绝对化词意 如特效、全效、强效、奇效、高效、速效、神效、超强、全面、全方位、最、第一、特级、顶级、冠级、极致、超凡、换肤、去除皱纹等。

（2）虚假性词意 如只添加部分天然产物成分的化妆品，但宣称产品"纯天然"的，属虚假性词意。

（3）夸大性词意 如"专业"可适用于在专业店或经专业培训人员使用的染发类、烫发类、指（趾）甲类等产品，但用于其他产品则属夸大性词意。

（4）医疗术语　如处方、药方、药用、药物、医疗、医治、治疗、妊娠纹、各类皮肤病名称、各种疾病名称等。

（5）明示或暗示医疗作用和效果的词语　如抗菌、抑菌、除菌、灭菌、防菌、消炎、抗炎、活血、解毒、抗敏、防敏、脱敏、斑立净、无斑、祛疤、生发、毛发再生、止脱、减肥、溶脂、吸脂、瘦身、瘦脸、瘦腿等。

（6）医学名人的姓名　如扁鹊、华佗、张仲景、李时珍等。

（7）与产品的特性没有关联，消费者不易理解的词意　如解码、数码、智能、红外线等。

（8）庸俗性词意　如"裸"用于"裸体"时属庸俗性词意，不得使用；但用于"裸妆"（如彩妆化妆品）时可以使用。

（9）封建迷信词意　如鬼、妖精、卦、邪、魂。又如"神"用于"神灵"时属封建迷信词意；但用于"怡神"（如芳香化妆品）时可以使用。

（10）已经批准的药品名　如肤螨灵等。

（11）超范围宣称产品用途　如防断发化妆品宣称防脱发。

小结

　　产品名称命名依据项下应分别对商标名、通用名和属性名的具体含义进行完整、准确的说明，说明的内容应与产品实际相符，不应涉及虚假宣称或含有引人误解的内容。产品名称命名依据常见的问题主要包括产品名称命名依据未按要求说明具体含义、产品名称命名依据信息与备案资料不一致、产品中文名称中商标名使用不规范、产品名称命名与产品配方组成不符、产品名称涉及虚假或引人误解的内容等。

第五章　产品配方

一、产品配方应完整填报相关信息

(一)产品配方应填报产品配方的原料含量等相关信息

1.法规　《化妆品注册备案资料管理规定》

第二十九条　产品配方为生产投料配方，应当符合以下要求：

（一）配方表要求。产品配方表应当包括原料序号、原料名称、百分含量、使用目的等内容（附11）。

　　……

2.百分含量。产品配方应当提供全部原料的含量，含量以质量百分比计，全部原料应当按含量递减顺序排列；含两种或者两种以上成分的原料（香精除外）应当列明组成成分及相应含量。

2.案例　产品配方表中仅填写产品配方中原料的标准中文名称、INCI名称和原料的使用目的，未按要求填写产品配方的原料含量、原料中成分含量、实际成分含量等信息（表5-1）。

表5-1　××保湿精华乳产品配方

××保湿精华乳			
查看含量			
配方名称：	××保湿精华乳		
对于未出现复配的【原料中成分含量（%）】默认100，【实际成分含量（%）】=【原料中成分含量（%）】×【原料含量（%）】	限用物	禁用物	新原料
标准中文名称（标红）："原料安全信息"或"原料报送码"均未填写	★与原料安全信息平台数据不一致		

续表

	序号	标准中文名称	INCI名称	原料含量（%）	原料中成分含量（%）	实际成分含量（%）	主要使用目的	原料报送码	备注
☐	1	水	AQUA					10××××–*****–****查看	
☐	2	丙二醇	PROPYLENE GLYCOL					10××××–*****–****查看	
☐	3	生物糖胶–1	BIOSACCHARIDE GUM–1					10××××–*****–****查看	

××保湿精华乳

3. 解析 化妆品通常是由多种原料按照配方设计经加工制备而成的混合物，化妆品的质量和安全与原料密切相关。原料在配方中的含量越高，原料风险暴露量大，化妆品安全风险可能会随之增大。同时，《化妆品安全技术规范》中所列限用组分和准用组分多数存在化妆品中使用时的最大允许浓度、其他限制和要求等方面的限制，原料含量未进行填报可能导致化妆品的安全风险难以控制。此外，部分非单一组分原料若组成成分的含量发生变化，则整个原料的化学性质、安全风险均可能随之改变。因此，原料含量作为化妆品配方的必要组成部分，应准确进行填写。

（二）产品配方应填写原料生产商相关信息

1. 法规 《化妆品注册备案资料管理规定》第二十九条（二）项下规定"注册人、备案人或者境内责任人应当填写产品所使用原料的生产商信息"。国家药监局关于实施《化妆品注册备案资料管理规定》有关事项的公告（2021年第35号）进一步明确"自2021年5月1日起，注册人备案人申请注册或者进行备案时，应当填报产品配方原料的来源和商品名信息"。

2. 案例 未填报原料报送码时，产品配方项下未填写原料生产商相关信息（表5-2）。

表5-2 未规范填报原料生产商相关信息案例

序号	标准中文名称	生产商	自行填报原料安全信息	注册号/备案号	新原料授权状态
1	水				不用授权
2	丙二醇				不用授权
3	生物糖胶–1				不用授权

3.解析 原料生产商信息是原料安全性的重要标识信息，不同原料生产商生产同一名称的原料，如果生产工艺不同，则可能导致原料的有效组分组成种类、有效组分含量、安全性等方面均存在差异。例如原料产品名称为"苯氧乙醇"，若生产工艺为苯酚与环氧乙烷在催化剂存在下通过缩合反应制得苯氧乙醇，则终产品中可能会带入安全风险物质苯酚和二噁烷；若生产工艺为苯氧乙酸在催化剂作用下通过还原制得苯氧乙醇，则可能不会带入苯酚和二噁烷。对于植物提取物而言，不同溶剂提取所制得的提取物中的化学成分组成情况也可能不同，例如茶（CAMELLIA SINENSIS）提取物采用水作为溶剂提取时，提取物中的主要成分为多酚类、花色素类、多糖类等；采用乙醇作为溶剂提取时，提取物中的主要成分为生物碱类、黄酮类、有机酸类等。因此在产品配方填报时应准确填写原料生产商信息，便于追溯原料生产工艺等信息，这也是保证化妆品产品质量安全可控可追溯的有效措施之一。

（三）来源于石油、煤焦油的碳氢化合物，应标注其化学文摘索引号

1.法规 《化妆品注册备案资料管理规定》第二十九条规定"使用来源于石油、煤焦油的碳氢化合物（单一组分除外）的，应当在产品配方表备注栏中标明相关原料的化学文摘索引号（简称CAS号）"。

2.案例 16号复配原料中C13-14异链烷烃未在配方备注栏中标注CAS号（表5-3）。

表5-3 ××保湿精华乳产品配方16号复配原料

××保湿精华乳									
查看含量									
配方名称		××保湿精华乳							
对于未出现复配的【原料中成分含量（%）】默认100，【实际成分含量（%）】=【原料中成分含量（%）】×【原料含量（%）】						限用物　禁用物　新原料			
标准中文名称（标红）："原料安全信息"或"原料报送码"均未填写						★与原料安全信息平台数据不一致			
	序号	标准中文名称	INCI名称	原料含量（%）	原料中成分含量（%）	实际成分含量（%）	主要使用目的	原料报送码	备注
□	16	聚丙烯酰胺	POLYAC RYLAMI DE	******	******	******	润肤剂	10×××× -*****-****查看	

续表

☐	16	C13－14异链烷烃	C13－14 ISOPAR AFFIN	******	******	******	润肤剂	10××××－*****－****查看
		月桂醇聚醚-7	LAURETH-7	******	******	******		
		甘油	GLYCERIN	******	******	******		

3.解析　CAS号又称CAS登录号，是某种物质（化合物、高分子材料、生物序列、混合物或合金）的唯一的数字识别号码，是全球通用的化学物质标识符。化妆品中常见的来源于石油、煤焦油的碳氢化合物（单一组分除外）的原料如表5-4所示。

表5-4　化妆品中常见的来源于石油、煤焦油的碳氢化合物（单一组分除外）的原料

《目录》序号	中文名称	INCI名称/英文名称
00083	C10-11 异链烷烃	C10-11 ISOPARAFFIN
00084	C10-12 烷/环烷	C10-12 ALKANE/CYCLOALKANE
00085	C10-12 异链烷烃	C10-12 ISOPARAFFIN
00086	C10-13 异链烷烃	C10-13 ISOPARAFFIN
00094	C11-12 异链烷烃	C11-12 ISOPARAFFIN
00095	C11-13 异链烷烃	C11-13 ISOPARAFFIN
00128	C12-14 异链烷烃	C12-14 ISOPARAFFIN
00154	C12-15 异链烷烃	C12-15 ISOPARAFFIN
00166	C12-20 异链烷烃	C12-20 ISOPARAFFIN
00167	C13-14 烷	C13-14 ALKANE
00168	C13-14 异链烷烃	C13-14 ISOPARAFFIN
00169	C13-15 烷	C13-15 ALKANE
00170	C13-16 异链烷烃	C13-16 ISOPARAFFIN
00179	C15-19 烷	C15-19 ALKANE
00180	C15-23 烷	C15-23 ALKANE
00186	C18-21 烷	C18-21 ALKANE
00219	C7-8 异链烷烃	C7-8 ISOPARAFFIN
00224	C8-9 异链烷烃	C8-9 ISOPARAFFIN
00228	C9-11 异链烷烃	C9-11 ISOPARAFFIN
00229	C9-12 烷	C9-12 ALKANE

《目录》序号	中文名称	INCI名称/英文名称
00231	C9-13异链烷烃	C9-13 ISOPARAFFIN
01699	纯地蜡	CERESIN
01909	地蜡	OZOKERITE
04183	矿油	MINERAL OIL
04184	矿油精	MINERAL SPIRITS
04185	矿脂	PETROLATUM
06127	石蜡	PARAFFIN
06783	微晶蜡	CERA MICROCRISTALLINA
06784	微晶蜡	MICROCRYSTALLINE WAX
07661	液体石蜡	PARAFFINUM LIQUIDUM

（四）使用"某某植物提取物"为原料，或使用"某某植物花/叶/茎提取物""某某植物花/叶/藤提取物"为原料时，应注明其具体提取部位等

1.**法规**　《化妆品注册备案资料管理规定》第二十九条（一）项下规定"4.备注栏。以下情形应当在备注栏中说明：使用变性乙醇的，应当说明变性剂的名称及用量；使用类别原料的，应当说明具体的原料名称；直接来源于植物的，应当说明原植物的具体使用部位。"

2.**案例**　未在配方备注栏中明确6号复配原料中粉防己（STEPHANIA TETRANDRA）提取物的使用部位（表5-5）。

表5-5　××保湿精华乳产品配方6号复配原料

××保湿精华乳			
查看含量			
配方名称	××保湿精华乳		
对于未出现复配的【原料中成分含量（％）】默认100，【实际成分含量（％）】=【原料中成分含量（％）】×【原料含量（％）】	▨ 限用物	▨ 禁用物	▨ 新原料
标准中文名称（标红）："原料安全信息"或"原料报送码"均未填写	★与原料安全信息平台数据不一致		

	序号	标准中文名称	INCI名称	原料含量（%）	原料中成分含量（%）	实际成分含量（%）	主要使用目的	原料报送码	备注
□	6	对羟基苯乙酮	HYDROXYACETOPHENONE	******	******	******	润肤剂	10 ×××× - ***** - **** 查看	
		丁二醇	BUTYLENE GLYCOL	******	******	******			
		粉防己（STEPHANIA TETRANDRA）提取物	STEPHANIA TETRANDRA EXTRACT	******	******	******			

3.解析 植物提取物中化学成分的组成种类、各种化学成分的组成比例、每种化学成分的含量高低，以及植物提取物的安全风险均会受到植物的生长环境、植物的生长周期、植物的具体使用部位、植物提取物的提取工艺等多种因素的影响。例如，"苦参实"和"苦参根"是来源于苦参不同部位的植物原料，但二者所含有的化学成分种类和含量不同，导致其功效性和安全性存在明显差异，因此"苦参实"被引入《化妆品安全技术规范》禁用植（动）物组分列表中，在化妆品中为禁用组分，而苦参（SOPHORA FLAVESCENS）根提取物可用于化妆品。根据《已使用化妆品原料目录（2021年版）》要求在使用植物提取物作为产品配方原料时应当明确植物提取物的具体使用部位。

（五）使用贴、膜类载体材料的产品应勾选"是否膜质载体材料"，并提供其来源、制备工艺、质量控制指标等资料

1.法规 《化妆品注册备案资料管理规定》第二十九条（五）项下规定"使用贴、膜类载体材料的，应当在备注栏内注明主要载体材料的材质组成，同时提供其来源、制备工艺、质量控制指标等资料。"

2.案例

【案例1】某产品的产品名称为"××膜贴"，备案申请表中显示该产品的产品剂型为"10贴、膜、含基材"（表5-7），产品配方项下未勾选"是否膜质载体材料"，未在备注栏内注明主要载体材料的材质组成，未提供其来源、制备工艺、质量控制指标等资料（表5-6）。

表5-6 ××膜贴备案申请表

备案申请表	产品名称命名依据	产品配方	产品执行的标准	产品标签	产品检验报告	产品安全评估资料
分类编码						
功效宣称	作用部位		产品剂型	使用人群		使用方法
21护发	01头发		02液体 10贴、膜、含基材	03普通人群		02驻留

表5-7 ××膜贴产品配方

备案申请表	产品名称命名依据	产品配方	产品执行的标准	产品标签	产品检验报告	产品安全评估资料
□是否膜质载体材料						
备注：						

【案例2】产品使用贴、膜类载体材料，仅上传面膜材料的图片，未提交贴、膜类载体材料的来源、制备工艺、质量控制指标等资料（图5-1）。

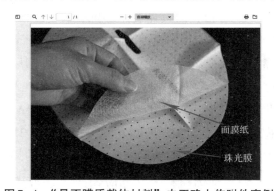

面膜纸

珠光膜

图5-1 "是否膜质载体材料"未正确上传附件案例

3.解析 贴、膜类载体材料是含"贴、膜、含基材"类化妆品的重要组成部分，是直接接触人体皮肤表面的材料，其质量安全直接影响化妆品的质量安全，因此当化妆品中使用贴、膜类载体材料时，备案资料中产品配方项下应勾选"是否膜质载体材料"并在配方备注栏内注明主要载体材料的材质组成，提交主要载体材料的来源、制备工艺、质量控制指标等相关资料。

二、产品配方组分应符合《化妆品安全技术规范》要求

（一）产品配方中使用化妆品禁用组分

1.法规 《化妆品安全技术规范》第一章化妆品安全通用要求部分规定

"化妆品配方不得使用本规范第二章表1和表2所列的化妆品禁用组分"。

2.案例（表5-8）

表5-8　××保湿精华乳产品配方10号原料

×× 保湿精华乳									
查看含量									
配方名称		×× 保湿精华乳							
对于未出现复配的【原料中成分含量（%）】默认100，【实际成分含量（%）】=【原料中成分含量（%）】×【原料含量（%）】				■ 限用物		■ 禁用物		■ 新原料	
标准中文名称（标红）："原料安全信息"或"原料报送码"均未填写				★与原料安全信息平台数据不一致					
	序号	标准中文名称	INCI名称	原料含量（%）	原料中成分含量（%）	实际成分含量（%）	主要使用目的	原料报送码	备注
☑	10	甲醛	FORMALDEHYDE	******	******	******	防腐剂	10××××-*****_**** 查看	

3.解析　为了满足我国化妆品监管实际的需要，结合行业发展和科学认识的提高，原食药总局组织编制了《化妆品安全技术规范》，其中收录了1388项化妆品禁用组分。2021年国家药监局发布关于更新化妆品禁用原料目录的公告（2021年第74号），将硼酸、硼酸盐和四硼酸盐、8-羟基喹啉、羟基喹啉硫酸盐、甲醛、硝基甲烷、二氯甲烷等17种成分新增至化妆品禁用原料目录。

一是参考国际法规相关规定，结合我国对《化妆品安全技术规范》限用、准用组分列表和《已使用化妆品原料名称目录》中部分已收录原料的评估结果，将可能存在安全风险的原料纳入化妆品禁用原料目录。例如，3-亚苄基樟脑、新铃兰醛、万寿菊花（TAGETESERECTA）提取物、万寿菊花（TAGETESERECTA）油、2-氯对苯二胺、2-氯对苯二胺硫酸盐、硼酸、硼酸盐、四硼酸盐和其他硼酸盐类和酯类、过硼酸钠、甲醛、多聚甲醛、二氯甲烷等。

二是根据我国安全评估结论，将在化妆品中使用可能存在安全风险的原料纳入化妆品禁用原料目录，如非那西丁等。

三是参考其他国家或地区的法规调整，结合我国的评估情况，考虑其可能存在安全风险，新增纳入化妆品禁用原料目录，例如苔黑醛、氯化苔黑醛、苄氯酚、环己胺、咪唑等。

如：甲醛在一类致癌物列表中，也正是考虑到甲醛的危害，很多国家如日本已经禁止甲醛在化妆品中的使用。硼酸在化妆品中作防腐剂，也作pH调节剂，增加产品黏度，稳定配方。然而，硼酸和硼酸盐在人体内排泄缓慢，长期摄入可产生蓄积，导致慢性中毒。

（二）产品配方中原料超限量使用

1.法规 《化妆品安全技术规范》准用防腐剂列表见表5-9。

表5-9 《化妆品安全技术规范》准用防腐剂列表序号5

序号	中文名称	英文名称	INCI名称	化妆品使用时的最大允许浓度	使用范围和限制条件	标签上必须标印的使用条件和注意事项
5	4-羟基苯甲酸及其盐类和酯类	4-Hydroxybenzoic acid and its salts and esters		单一酯0.4%（以酸计）；混合酯总量0.8%（以酸计）；且其丙酯及其盐类、丁酯及其盐类之和分别不得超过0.14%（以酸计）		

2.案例 准用防腐剂"羟苯丙酯"在配方中的用量（0.3%）超出《化妆品安全技术规范》中的最大使用浓度（4-羟基苯甲酸的丙酯及其盐类、丁酯及其盐类之和分别不得超过0.14%以酸计），见表5-10。

表5-10 ××紧致护肤霜产品配方7号原料

××紧致护肤霜									
查看含量									
配方名称：	××紧致护肤霜								
对于未出现复配的【原料中成分含量（%）】默认100，【实际成分含量（%）】=【原料中成分含量（%）】×【原料含量（%）】					限用物		禁用物		新原料
标准中文名称（标红）："原料安全信息"或"原料报送码"均未填写					★与原料安全信息平台数据不一致				
	序号	标准中文名称	INCI名称	原料含量（%）	原料中成分含量（%）	实际成分含量（%）	主要使用目的	原料报送码	备注
□	7	羟苯丙酯	PROPYLPARABEN	0.3	******	******	防腐剂	10×××-*****-****查看	

3.解析 羟苯丙酯的化学式为$C_{10}H_{12}O_3$，外文名：Propyl 4-hydroxybenzoate，中文别名：4-羟基苯甲酸丙酯，是《化妆品安全技术规范》表4化妆品准用

防腐剂表序号35成分，表中规定其在化妆品使用时的最大允许浓度"单一酯0.4%（以酸计）；混合酯总量0.8%（以酸计）；且其丙酯及其盐类、丁酯及其盐类之和分别不得超过0.14%（以酸计）"。案例中羟苯丙酯应符合"4-羟基苯甲酸丙酯及其盐类不得超过0.14%（以酸计）"的要求。

（三）产品配方中原料超范围使用

1.法规

（1）《化妆品安全技术规范》准用防腐剂列表（表5-11）

表5-11　《化妆品安全技术规范》准用防腐剂列表序号30

序号	中文名称	英文名称	INCI名称	化妆品使用时的最大允许浓度	使用范围和限制条件	标签上必须标印的使用条件和注意事项
30	碘丙炔醇丁基氨甲酸酯	3-Iodo-2-propynyl butylcarbamate	Iodopropynylbutylcarbamate	（a）0.02%	（a）淋洗类产品，不得用于三岁以下儿童使用的产品中（沐浴产品和香波除外）；禁止用于唇部产品	三岁以下儿童勿用（4）
				（b）0.01%	（b）驻留类产品，不得用于三岁以下儿童使用的 产品中；禁用于唇部用产品；禁用于体霜和体乳	
				（c）0.0075%	（c）除臭产品和抑汗产品，不得用于三岁以下儿童使用的产品中；禁用于唇部用产品	

（2）《国家食品药品监督管理局关于批准4-(1-苯乙基)-1,3-苯二酚作为化妆品原料使用的公告》（2012年第71号）中规定4-(1-苯乙基)-1,3-苯二酚的批准使用目的为：美白肌肤，通过抑制酪氨酸酶的活性抑制黑色素的形成。

（3）《化妆品监督管理条例》

第十六条　用于染发、烫发、祛斑美白、防晒、防脱发的化妆品以及宣称新功效的化妆品为特殊化妆品。特殊化妆品以外的化妆品为普通化妆品。

2.案例

【案例1】某产品配方中9号是由辛酰羟肟酸、甘油辛酸脂、丙二醇组成的复配原料，其主要使用目的填写为防腐剂，但9号复配原料中的原料均未被收载在《化妆品安全技术规范》准用防腐剂列表中。

【案例2】某产品配方中24号是乙基己基甘油，其主要使用目的填写为防腐剂，乙基己基甘油未被收载在《化妆品安全技术规范》准用防腐剂表中。

【案例3】普通化妆品的产品名称为"377靓肤霜"，产品配方中添加0.5%苯乙基间苯二酚[即4-（1-苯乙基）-1,3-苯二酚]，产品标签中标注"377指成分中苯乙基间苯二酚"。4-（1-苯乙基）-1,3-苯二酚的批准使用目的为美白肌肤。配方中添加使用目的为美白剂的化妆品，应按美白祛斑类特殊化妆品进行注册。

【案例4】产品名称为"××透明质酸身体乳"，产品配方含有"碘丙炔醇丁基氨甲酸酯"，不符合《化妆品安全技术规范》中"碘丙炔醇丁基氨甲酸酯"禁用于体霜和体乳的限制要求。

3.**解析** 根据《化妆品安全技术规范》的相关要求，产品配方中的防腐剂应选择表4化妆品准用防腐剂列表中所列组分，不得将化妆品准用防腐剂列表以外的其他组分作为防腐剂使用。部分原料组分既被收载《化妆品安全技术规范》表3化妆品限用组分列表中，同时也被收载在表4化妆品准用防腐剂列表中，该类原料作为不同使用目的应按相应要求进行使用，这些原料组分的物质名称、使用范围、限制条件、化妆品使用时的最大允许浓度等信息如表5-12所示。

表5-12 部分原料在化妆品限用组分和准用防腐剂列表中的不同要求

化妆品限用组分（表3）			化妆品准用防腐剂（表4）		
序号	物质名称	适用或使用范围及化妆品使用时的最大允许浓度	序号	物质名称	使用范围、限制条件及化妆品使用时的最大允许浓度
1	烷基（C12-22）三甲基烷氯化物（1）	驻留类产品：0.25% （b）淋洗类产品： 1.十六、十八烷基三甲基氯化铵：2.5%（以单一或其合计） 2.二十二烷基三甲基氯化铵：5.0%（以单一或与十六烷基三甲基氯化铵和十八烷基三甲基氯化铵的合计）；且十六、十八烷基三甲基氯化铵烷基三甲基氯化铵个体浓度之和不超过2.5%	4	烷基（C12-22）三甲基烷溴化物或氯化物（2）	总量0.1%

续表

化妆品限用组分（表3）			化妆品准用防腐剂（表4）		
2	苯扎氯铵，苯扎溴铵，苯扎糖精铵（1）	（a）淋洗类发用产品：总量3%（以苯扎氯铵计）	5	苯扎氯铵，苯扎溴铵，苯扎糖精铵（2）	总量0.1%（以苯扎氯铵计）
4	苯甲酸及其钠盐（1）	淋洗类产品：总量2.5%（以酸计）	7	苯甲酸及其盐类和酯类（2）	总量0.5%（以酸计）
6	苯氧异丙醇（1）	（a）淋洗类产品：2%	38	苯氧异丙醇（2）	淋洗类产品：1.0%
8	水杨酸（1）	（a）驻留类产品和淋洗类肤用产品：2.0% （b）淋洗类发用产品：3.0%	42	水杨酸及其盐类（2）	总量0.5%（以酸计），除香波外，不得用于三岁以下儿童使用的产品中
21	吡硫鎓锌（1）	去头屑淋洗类发用产品：1.5% 驻留类发用产品：0.1%	51	吡硫鎓锌（2）	淋洗类产品：0.5%
23	无机亚硫酸盐类和亚硫酸氢盐类（1）	（a）氧化型染发产品：总量0.67%（以游离SO_2计） （b）烫发产品（含拉直产品）：总量6.7%（以游离SO_2计） （c）面部用自动晒黑产品：总量0.45%（以游离SO_2计） （d）体用自动晒黑产品：总量0.40%（以游离SO_2计） （e）其他产品：（3）总量0.2%（以游离SO_2计）	29	无机亚硫酸盐类和亚硫酸氢盐类（2）	总量0.2%（以游离SO_2计）
36	苯甲醇（1）	溶剂、香水和香料	8	苯甲醇（2）	1.0%

注：（1）这些物质作为防腐剂使用时，具体要求见准用防腐剂表的规定；如果使用目的不是防腐剂，该原料及其功能还必须标注在产品标签上。无机亚硫酸盐和亚硫酸氢盐是指：亚硫酸钠、亚硫酸钾、亚硫酸铵、亚硫酸氢钠、亚硫酸氢钾、亚硫酸氢铵、焦亚硫酸钠、焦亚硫酸钾等。

（2）这些物质在化妆品中作为其他用途使用时，必须符合准用防腐剂列表中规定（《化妆品安全技术规范》中有其他相关规定的除外）。这些物质不作为防腐剂使用时，具体要求见限用组分表3。无机亚硫酸盐和亚硫酸氢盐是指：亚硫酸钠、亚硫酸钾、亚硫酸铵、亚硫酸氢钠、亚硫酸氢钾、亚硫酸氢铵、焦亚硫酸钠、焦亚硫酸钾等。

【案例1】9号复配原料中辛酰羟戊酸、甘油辛酸酯和丙二醇和案例2中24

号原料乙基己基甘油均未被收载在《化妆品安全技术规范》表4化妆品准用防腐剂列表中，使用目的不可以填写为防腐剂。

【案例2】产品配方中添加了苯乙基间苯二酚[即4-(1-苯乙基)-1,3-苯二酚]，根据《国家食品药品监督管理局关于批准4-(1-苯乙基)-1,3-苯二酚作为化妆品原料使用的公告》，4-(1-苯乙基)-1,3-苯二酚的批准使用目的为美白肌肤，也就是说该原料为美白剂。根据《化妆品监督管理条例》第十六条的规定祛斑美白类产品属于特殊化妆品，即该产品配方中所使用的苯乙基间苯二酚功效作用为美白剂，则该产品应按照特殊化妆品进行注册。

【案例3】产品为身体乳，产品配方中含有碘丙炔醇丁基氨甲酸酯，根据《化妆品安全技术规范》化妆品准用防腐剂列表中对碘丙炔醇丁基氨甲酸酯的限制要求：禁用于体霜和体乳，该产品中碘丙炔醇丁基氨甲酸酯的使用不符合《化妆品安全技术规范》的要求。

三、产品配方中应使用已注册、备案的新原料

1.法规 《化妆品注册备案资料管理规定》

第二十九条 产品配方为生产投料配方，应当符合以下要求：

（一）配方表要求。产品配方表应当包括原料序号、原料名称、百分含量、使用目的等内容（附11）。

1.原料名称。产品配方应当提供全部原料的名称，原料名称包括标准中文名称、国际化妆品原料名称（简称INCI名称）或者英文名称。配方成分的原料名称应当使用已使用的化妆品原料目录中载明的标准中文名称、INCI名称或者英文名称；配方中含有尚在安全监测中化妆品新原料的，应当使用已注册或者备案的原料名称；进口产品原包装标注成分的INCI名称与配方成分名称不一致的，应当予以说明。

2.案例（表5-13）

表5-13 ××柔顺洗发液产品配方

××柔顺洗发液			
查看含量			
配方名称：	××柔顺洗发液		
对于未出现复配的【原料中成分含量（%）】默认100，【实际成分含量（%）】=【原料中成分含量（%）】×【原料含量（%）】	限用物	禁用物	新原料

续表

	标准中文名称（标红）："原料安全信息"或"原料报送码"均未填写					★与原料安全信息平台数据不一致			
	序号	标准中文名称	INCI名称	原料含量（%）	原料中成分含量（%）	实际成分含量（%）	主要使用目的	原料报送码	备注
☐	1	刺柏枝干提取物		＊＊＊＊＊＊	＊＊＊＊＊＊	＊＊＊＊＊＊	皮肤调理剂	10×××－＊＊＊＊＊-＊＊＊＊查看	
☐	2	树形杜鹃叶提取物		＊＊＊＊＊＊	＊＊＊＊＊＊	＊＊＊＊＊＊	皮肤调理剂	10×××－＊＊＊＊＊-＊＊＊＊查看	
☐	3	白檀香树干提取物		＊＊＊＊＊＊	＊＊＊＊＊＊	＊＊＊＊＊＊	皮肤调理剂	10×××－＊＊＊＊＊-＊＊＊＊查看	
☐	4	紫檀香树干提取物		＊＊＊＊＊＊	＊＊＊＊＊＊	＊＊＊＊＊＊	皮肤调理剂	10×××－＊＊＊＊＊-＊＊＊＊查看	

3.解析　配方中原料名称填写不规范，与《已使用化妆品原料目录》（2021版）中该原料的名称不一致，导致系统提示为新原料，如原料名称填报的标准中文名称为"刺柏枝干提取物"，与《已使用化妆品原料目录》中的原料名称"刺柏（JUNIPERUS FORMOSANA）提取物"不一致，且未填报INCI名称，系统就会提示为新原料。产品配方项下原料名称应当使用已使用的化妆品原料目录中载明的标准中文名称、INCI名称或者英文名称。如使用已使用的化妆品原料目录中未载明的名称，备案人应根据新原料判定规则判断所使用原料是否为新原料，如判定为新原料，则应先进行新原料注册或备案后方可使用；如判定为已使用原料，则应按已使用的化妆品原料目录中载明的标准中文名称进行填报。

四、产品配方中原料填报使用目的与产品功效宣称应相符

1.法规　《化妆品标签管理办法》

第八条　化妆品产品中文名称一般由商标名、通用名和属性名三部分组成，约定俗成、习惯使用的化妆品名称可以省略通用名或者属性名，商标名、通用名和属性名应当符合下列规定要求：

……

（二）通用名应当准确、客观，可以是表明产品原料或者描述产品用途、使用部位等的文字。使用具体原料名称或者表明原料类别的词汇的，应当与

产品配方成分相符，且该原料在产品中产生的功效作用应当与产品功效宣称相符。

2.案例 产品名称通用名中使用具体原料"燕窝酸"，产品功效宣称单一或多个功效的情形以及对应该原料在配方中使用目的的填报情况（表5-14）。

表5-14 不同情形下燕窝酸的使用目的填报情况

情形	产品名称	产品分类编码	燕窝酸在配方中使用目的	备注
1	A牌燕窝酸抗皱面膜	抗皱	抗皱剂	相符
2	A牌燕窝酸抗皱面膜	保湿、抗皱	保湿剂、抗皱剂	相符
3	A牌燕窝酸抗皱面膜	保湿、抗皱	保湿剂	不相符
4	A牌燕窝酸保湿抗皱面膜	保湿、抗皱	保湿剂、抗皱剂	相符
5	A牌燕窝酸保湿抗皱面膜	保湿、抗皱	保湿剂	不相符
6	A牌燕窝酸面膜	保湿、抗皱	保湿剂、抗皱剂	相符

3.解析 案例中产品名称使用"燕窝酸"作为通用名，对原料进行特定宣称，该产品备案时应在备案资料产品标签样稿中勾选原料特定宣称选项，同时使用"燕窝酸"作为通用名，还应该与产品配方成分相符，且"燕窝酸"在产品中产生的功效就当与产品功效宣称相符，即产品如果宣称"保湿""抗皱"等功效，"燕窝酸"在产品配方中的使用目的应为"保湿剂"和"抗皱剂"，并在功效宣称摘要模块上传"燕窝酸"具有"保湿""抗皱"功效的功效宣称摘要。

五、配合使用或者不可拆分化妆品填报要求

1.法规 《化妆品注册备案资料管理规定》第三十五条规定"包含两个或者两个以上必须配合使用或者包装容器不可拆分的独立配方的化妆品，应当分别填写配方，按一个产品申请注册或者办理备案。"

2.案例

【案例1】产品：××多肽养肤冻干粉+××多肽养肤溶媒液。

使用方法：面部清洁后，取一瓶冻干粉和一瓶溶媒液充分混合，将溶解液涂抹于面部肌肤，按摩促进吸收。

产品执行的标准填报：生产工艺简述、感官指标、微生物和理化指标项下只填报了××多肽养肤冻干粉的备案资料，未同时填报××多肽养肤溶媒液的备案资料。

【案例2】××多色眼影盘（表5-15）。

表5-15　多色眼影盘产品配方

产品配方		
产品配方：多色眼影盘01		
序号	原料中文名称	使用目的
1	云母	填充剂
2	棕榈酸乙基己酯	柔润剂
3	聚二甲基硅氧烷	柔润剂
4	合成氟金云母	填充剂
5	硅石	填充剂
6	硬脂酸镁	柔润剂
7	一氮化硼	柔润剂
8	角鲨烷	柔润剂
9	二异硬脂醇苹果酸酯	柔润剂
10	氯氧化铋	柔润剂
11	CI 77891	着色剂
12	生育酚（维生素E）	抗氧化剂
13	羟苯甲酯	防腐剂
14	羟苯丙酯	防腐剂

产品配方：多色眼影盘02		
序号	原料中文名称	使用目的
1	云母	填充剂
2	棕榈酸乙基己酯	柔润剂
3	聚二甲基硅氧烷	柔润剂
4	合成氟金云母	填充剂
5	硅石	填充剂
6	硬脂酸镁	柔润剂
7	一氮化硼	柔润剂
8	角鲨烷	柔润剂
9	二异硬脂醇苹果酸酯	柔润剂
10	氯氧化铋	柔润剂
11	CI 77499	着色剂

产品配方：多色眼影盘02		
12	生育酚（维生素E）	抗氧化剂
13	羟苯甲酯	防腐剂
14	羟苯丙酯	防腐剂

产品配方：多色眼影盘03		
序号	原料中文名称	使用目的
1	云母	填充剂
2	棕榈酸乙基己酯	柔润剂
3	聚二甲基硅氧烷	柔润剂
4	合成氟金云母	填充剂
5	硅石	填充剂
6	硬脂酸镁	柔润剂
7	一氮化硼	柔润剂
8	角鲨烷	柔润剂
9	二异硬脂醇苹果酸酯	柔润剂
10	氯氧化铋	柔润剂
11	CI 77491	着色剂
12	生育酚（维生素E）	抗氧化剂
13	羟苯甲酯	防腐剂
14	羟苯丙酯	防腐剂

3.解析 产品执行的标准包括全成分、生产工艺简述、感官指标、微生物和理化指标及其质量控制措施、使用方法、安全警示语、贮存条件、使用期限等内容，应当符合国家有关法律法规、强制性国家标准和技术规范的要求。

产品执行的标准包括全成分、生产工艺简述、感官指标、微生物和理化指标等项目与产品配方相关，不同配方含有不同的成分，其所执行的标准中的生产工艺简述、感官指标、微生物和理化指标等项目不尽相同。因此，两个或两个以上必须配合使用或者包装容器不可拆分的独立配方的化妆品进行备案时，应分别填报配方，产品执行的标准应根据不同配方分别填报生产工艺简述、感官指标、微生物和理化指标。因此，对于案例1，产品执行的标准项下产品配方应分别填报××多肽养肤冻干粉和××多肽养肤溶媒液的配方，并分别填报生产工艺简述、感官指标、微生物和理化指标。案例2中则应分别填报××多色眼影盘的每一色眼影的配方、生产工艺简述、感官指标、微生物和理化指标。

产品配方中常见的问题情形主要包括产品配方未填写原料含量信息、未填写原料生产商相关信息、部分原料未按要求在配方备注栏中填写备注相关信息、使用贴、膜类载体材料的产品未勾选"是否膜质载体材料"且未提供其来源、制备工艺、质量控制指标等资料；产品配方组分使用化妆品禁用组分、超范围、超限量使用限用组分；产品配方使用未经注册或备案的新原料；产品配方中原料填报使用目的与产品功效宣称不一致等。产品配方审核过程中应依照法规对配方中的原料名称、原料组成、原料含量、使用目的等相关内容进行严格判定。

第六章 产品执行的标准

☞ 引言

　　产品执行的标准包括全成分、生产工艺简述、感官指标、微生物和理化指标及其质量控制措施、使用方法、贮存条件、使用期限等内容，涵盖对化妆品质量安全有实质性影响的技术性要求，应当符合国家有关法律法规、强制性国家标准和技术规范的要求。《化妆品监督管理条例》要求化妆品标签标注产品执行的标准编号，产品执行的标准也是备案资料的重要内容之一，意在引导化妆品行业推行"一品一标"，运用标准管理的手段推动产品质量提升。

一、生产工艺简述填报要求

（一）生产工艺简述中的原料与配方全成分应一致

　　1.法规　《化妆品注册备案资料管理规定》第三十条规定"产品执行的标准包括全成分、生产工艺简述、感官指标、微生物和理化指标及其质量控制措施、使用方法、贮存条件、使用期限等内容，应当符合国家有关法律法规、强制性国家标准和技术规范的要求"。

　　2.案例（表6-1）

表6-1　生产工艺未规范填报案例

产品配方全成分			产品生产工艺简述
序号	原料中文名称	使用目的	
1	水	溶剂	1.将1、2、9、10、11、15投入乳化锅，搅拌升温至85℃左右，保温30分钟至完全溶解，备用 2.将3、4、5、6、7加入油相锅，加热至80℃，搅拌溶解完全，抽入乳化锅，搅拌均质3分钟，降温；75℃时，加入8，均质1分钟，继续降温
2	突厥蔷薇（ROSA DAMASCENA）花蜡	润肤剂	
3	丁二醇	保湿剂	
4	丁二醇二辛酸/二癸酸酯	润肤剂	
5	环五聚二甲基硅氧烷	润肤剂	
6	水	保湿剂	
	1,2-己二醇		
7	水	抗皱剂	
	乙酰基六肽-8		

续表

产品配方全成分			产品生产工艺简述
8	水	保湿剂	
	β-葡聚糖		3.降温至65℃左右，加入13，搅拌均匀后继续降温，40℃时加入16、17、18、19搅拌10分钟
9	水	紧致剂	
	精氨酸/赖氨酸多肽		4.灌装，包装，喷码；成品抽检合格后，入库。
10	辛基聚甲基硅氧烷	润肤剂	
11	鲸蜡硬脂醇	乳化剂	
12	丙烯酸钠/丙烯酰二甲基牛磺酸钠共聚物	乳化剂	配方无16、17、18、19号原料
	异十六烷		
13	甘油	保湿剂	
14	α-熊果苷	皮肤调理剂	
15	对羟基苯乙酮	抗氧化剂	
	水		

3.解析　产品执行的标准中生产工艺简述应包含产品配方中的所有成分，不应有遗漏或增多成分。从以上案例可见，产品配方共有15种成分，生产工艺简述中缺少12和14号原料，却增多了16~19号原料，与产品配方成分不符。

对于配方成分较多的产品，在填报生产工艺简述时，可按生产工艺原料添加顺序对各原料先进行分相信息分类，以分相代替各成分填报生产工艺，减少繁冗原料重复填写造成的遗漏或增多。如A组包含原料1、2、9、10、11、12、14、15；B组包含原料3、4、5、6、7；C组包含原料8；D组包含原料：13。

（二）生产工艺简述填报应合理、规范、完整

1.法规　《化妆品注册备案资料管理规定》第三十条（三）生产工艺简述规定：

1.应当简要描述实际生产过程的主要步骤，包括投料、混合、灌装等。配方表2个以上原料的预混合、灌装等生产步骤在不同生产企业配合完成的，应当予以注明。

2.应当体现主要生产工艺参数范围，全部原料应当在生产步骤中明确列出，所用原料名称或者序号应当与产品配方中所列原料一致；若同一原料在不同步骤阶段中使用，应当予以区分；若生产过程中需使用但在后续生产步骤中去除的水、挥发性溶剂等助剂，应当予以注明。

2.案例

【**案例1**】生产工艺简述不合理（图6-1）。

> 配方名称：植物精油
>
> 生产工艺：
>
> 配料：按生产配方要求数量进行称量配料；
>
> 混料（水相）：葡萄（VITIS VINIFERA）籽油、角鲨烷、生育酚（维生素E）、酸橙（CTRUS AURANTUM DULCIS）花油、薰衣草（LAVANDJLA ANGUSTFOUlA）油、玫瑰（ROSA RUGOSA）花油、地中海柏木（CUPRESSUS SEMPERVIRENS）油加入锅内搅拌并加热至80～85℃，保温搅拌分散至完全均匀。
>
> 注："水相"与填报油相原料不符。

图6-1 生产工艺简述不合理案例

【**案例2**】生产工艺简述不规范（图6-2）。

> 生产工艺：
>
> A相原料：水、甘油、丙二醇、透明质酸钠、丙烯酸（酯）类/C10-30烷醇丙烯酸酯交联聚合物、甜菜碱、葡萄糖、水解胶原、尿囊素
>
> B相原料：三乙醇胺
>
> C相原料：1,2-己二醇、甘油辛酸酯、辛酰羟污酸、丙二醇、2-戊二醇、水、马齿苋（PORTULACA OLERACEA）提取物、水、聚天冬氨酸钠、肌肽、水、丁二醇、甘油、1,2-己二醇、神经酰胺NP、双丙甘醇
>
> 注：水、甘油、丙二醇三个原料在两相中重复出现，未作区分。

图6-2 生产工艺简述不规范案例

【**案例3**】生产工艺简述不完整（图6-3）。

> 生产工艺：
>
> （1）将配方中称量好的A相加入到乳化锅中，升温，再将B相原料加入A相中，升温均质，降温。冷却后加入C相其他原料，搅拌均匀（半成品），测试黏度合格后即可出料（成品）。
>
> （2）备案人：A化妆品有限公司，生产企业：B化妆品有限公司。
>
> ☑是否分段生产
>
> 企业名称：C化妆品有限公司
>
> 企业附件：无

生产工艺未标注不同步骤所涉及的生产企业，如半成品在C化妆品有限公司

图6-3 生产工艺简述不完整案例

3.解析

【案例1】化妆品水相一般指水和水溶性成分，如水、甘油、乙醇、丙酮、丙二醇等成分；化妆品油相指油或者油溶性成分，如角鲨烷、矿脂、脂肪醇、蜡、蜡酯、植物油等成分。混料步骤标注为水相，但其所添加成分皆油相成分。备案人在进行生产工艺分相填报时应对原料属性和安全信息资料进行核对和评估，对原料分相的科学性、合理性和规范性进行审核。

【案例2】根据《化妆品注册备案资料管理规定》要求，生产工艺中若同一原料在不同步骤阶段中使用，应当予以区分。如原料水、甘油、丙二醇分别在不同步骤的不同相中使用，此时应在前面步骤中使用"部分"进行标注A相：（部分）水、甘油、丙二醇；最后步骤中使用"剩余"进行标注C相：（剩余）水、甘油、丙二醇。

【案例3】产品执行的标准中生产工艺模板应当简要描述实际生产过程的主要步骤，包括投料、混合、灌装等。从工艺完整性上，应包括称料—混料—均质—检验—灌装—包装—打码等基础程序；从关键工艺上，应根据品类特点描述特征工艺，如膏霜乳产品的乳化工艺、粉剂产品的搅拌分散工艺、香水产品的贮存陈化工艺等；从控制工艺上，应对关键工艺的控制参数进行描述，如控制时间、温度范围等参数，温度范围的设定应当主要考虑对产品质量、安全性的影响，其次应考虑不同生产规模、不同生产设备时所需要的温度。

当产品生产不同步骤涉及多个生产企业配合完成的，应勾选"分段生产"并标注不同步骤所涉及的生产企业，如半成品在C化妆品有限公司生产：××省××市××区××镇××号；成品在B化妆品有限公司生产：××省××市××区××镇××号。当同一生产企业如有多个生产地址，可同时列出。案例3中未完整描述产品生产工艺，如灌装步骤，也未填报分段生产企业C的信息。

二、感官指标填报要求

1.法规　《化妆品注册备案资料管理规定》第三十条规定"（四）感官指标。应当分别描述产品内容物的颜色、性状、气味等指标。套装产品应当分别说明各部分的感官指标，使用贴、膜类载体材料的产品应当分别描述贴、膜类材料以及浸液的颜色、性状等。"

2.案例

【案例1】

配方名称：××香氛沐浴露（配方中填报了"日用香精"）

项目：颜色 — 指标：白色

项目：性状 — 指标：液体

项目：气味 — 指标：无味

"无味"指标与配方添加"日用香精"不符

【案例2】

配方名称：××保湿面膜

项目：颜色 — 指标：无色

项目：性状 — 指标：透明附在膜布上

应当对贴、膜类材料以及浸液的颜色、性状和气味等分别进行描述

3.解析　化妆品感官指标主要是指化妆品给消费者的直观感受，包括外观、颜色、气味、亮泽度、涂抹性以使用舒适度等，根据《化妆品注册备案资料管理规定》要求，感官指标模块至少应描述反映产品质量的产品内容物的颜色、性状和气味三项指标，备案人可根据各品类产品特性相应增加需要控制的感官指标项目。案例1中产品为香氛沐浴露，产品配方填报了相应的日用香精，感官指标中气味应填报产品实际气味，填报无味明显与产品实际配方和名称不一致。案例2应当对贴、膜类材料以及浸液的颜色、性状和气味等分别进行描述，如膜布（颜色、性状、气味）和浸液（颜色、性状、气味）。

使用贴、膜类载体材料的产品填报可参考如下。

配方名称：××保湿面膜

项目：浸液颜色 — 指标：无色

项目：浸液性状 — 指标：液体

项目：浸液气味 — 指标：有香味

项目：膜布颜色 — 指标：白色

项目：膜布性状 — 指标：纤维素纤维基布

项目：膜布气味 — 指标：无味

三、微生物和理化指标填报要求

（一）微生物和理化指标设置应符合相关要求

1.法规　《化妆品注册备案资料管理规定》第三十条（五）项下规定"1.应

当提交对产品实际控制的微生物和理化指标，微生物和理化指标应当符合《化妆品安全技术规范》《化妆品注册和备案检验工作规范》的要求。"

2.案例

【案例1】儿童产品或眼部产品，微生物指标项下菌落总数控制指标设置为≤1000CFU/ml（表6-2）。

表6-2　微生物项目指标设置不合理案例

序号	检验项目	指标	质量管理措施	简要说明
1	菌落总数	≤1000CFU/g	逐批检验	《化妆品安全技术规范（2015年版）》"第五章　微生物检验方法"

【案例2】根据企业质量管理体系文件，理化指标设置不符合《化妆品安全技术规范》的指标要求，如铅设置控制指标≤40mg/kg；砷设置控制指标≤10mg/kg；驻留类手膜产品宣称含果酸的产品pH设置控制指标为2.0~8.0（表6-3）。

表6-3　理化指标指标设置不合理案例

序号	检验项目	指标	质量管理措施	简要说明
1	铅	≤40mg/kg	全项检验（每年检一次）	《化妆品安全技术规范》"理化检验方法"中第四章　1.6 电感耦合等离子体质谱法
2	砷	≤10mg/kg	全项检验（每年检一次）	《化妆品安全技术规范》"理化检验方法"中第四章　1.6 电感耦合等离子体质谱法
3	pH	2.0~8.0	产品逐批检验	《化妆品安全技术规范》"理化检验方法"中第四章　1.1 pH值

【案例3】当产品使用具有质量安全风险的原料时，产品执行的标准项下未根据原料的安全信息设置相关风险指标控制。如产品配方中含有乙氧基结构的原料"苯氧乙醇"，未设置二噁烷项目的质量控制指标。

3.解析

【案例1】儿童的皮肤屏障功能尚未成熟，对外界刺激的易感性较强、防御能力较差，对细菌感染的易感性也较强。同样地，眼周肌肤比较脆弱敏感，口唇部位容易造成吸入风险，因此，《化妆品安全技术规范》对眼部化妆品、口唇等黏膜用化妆品以及婴儿和儿童用化妆品有更为严格的规定，菌落总数不得大于500CFU/g或CFU/ml。案例1为儿童产品或眼部产品，菌落总数的控制指标应当设置为500 CFU/g或CFU/ml。

【案例2】《化妆品安全技术规范》的技术要求是保证化妆品质量安全的

基本要求，不符合《化妆品安全技术规范》要求的化妆品属于不合格产品，存在较大的安全风险，不能出厂上市。备案人制定相关产品质量指标的企业标准和质量控制体系，应基于《化妆品安全技术规范》的相关技术要求，制定严于其的指标要求。《化妆品安全技术规范》中对铅和砷的指标要求分别为：≤10mg/kg和≤2mg/kg，而案例2中该两项检验项目制定的指标要求超出《化妆品安全技术规范》要求，不符合要求。另外案例2中pH设置指标2.0~8.0，根据《化妆品安全技术规范》"皮肤刺激性/腐蚀性试验""受试物pH≤2为强酸"，不符合要求。同时驻留类产品理化检验结果pH≤3.5或企业标准中设定pH≤3.5的产品应当进行人体试用试验安全性评价。驻留类手膜产品宣称果酸，根据《化妆品安全技术规范》对于α-羟基酸的限制要求：pH≥3.5（淋洗类发用产品除外），该产品的质量控制指标首先应满足pH≥3.5，在此基础上根据产品的配方和工艺设置的合适pH控制范围。同时应注意相关类别化妆品的推荐性国家标准或行业标准因为标准的普遍适用性，企业在设定具体产品的pH控制范围时，应当根据产品配方、生产工艺、使用方法等，设定能够表征该产品安全性控制指标的pH控制范围，不宜完全照搬推荐性国家标准或行业标准中设定的pH指标。如QB/T 2660—2004《化妆水》pH要求为4.0~8.5，pH范围包括酸性和碱性，适用于行业可能开发酸性或碱性的产品。对于具体固定配方成型的产品，pH波动一般在±1范围波动。如含果酸产品，一般为酸性，pH为5，控制指标则为4~6。

【案例3】化妆品产品一般可认为是各种原料的组合，原料的安全性是化妆品产品安全的前提条件。化妆品质量控制应考虑原料本身及可能带入的风险物质以及原料之间存在化学和（或）生物学等相互作用产生的风险物质和（或）相互作用产生的潜在安全风险的控制。如案例3中产品配方中含有乙氧基结构的原料"苯氧乙醇"，产品质量控制应考虑产品中二噁烷的风险，在产品执行的标准微生物和理化指标中设置二噁烷项目的控制指标，以保证产品的质量安全。

化妆品质量控制还应考虑产品的稳定性控制需要，对产品的关键成分设置相应控制指标。如吡硫鎓锌作为去屑剂使用时，是产品去屑功效的主要成分，将吡硫鎓锌纳入质量控制项目是保持产品质量稳定的关键措施。吡硫鎓锌的质量控制指标的设置应根据产品研发中科学确定的添加量以及考虑生产和检验偏差确定的保持产品稳定的允许波动范围，而不是简单地以配方添加量的《化妆品安全技术规范》中的最大允许浓度作为控制指标。假设去头屑淋洗类发用产品吡硫鎓锌的科学研制配方添加量为1.0%，经过多批次生产验证，则可设置吡硫鎓锌的控制指标为0.8%~1.2%，而不是《化妆品安全技术规范》中的最大允许浓度（≤1.5%）。

（二）微生物和理化指标质量控制措施应合理

1.法规　《化妆品注册备案资料管理规定》第三十条（五）项下规定"2.应当根据产品实际控制的微生物和理化指标提交相应的质量控制措施"。

2.案例（表6-4）

表6-4　质量控制措施填报不合理案例1

序号	检验项目	指标	质量管理措施	简要说明
1	菌落总数	≤1000CFU/g	—	原料的入厂验收执行《物料验收管理制度》，所有入厂原料按照《原料内控标准》进行验收，并保留验收报告；验收供货商COA
2	乳酸	（1.0±0.2）%	原料相关指标控制	原料的入厂验收执行《物料验收管理制度》，所有入厂原料按照《原料内控标准》进行验收，并保留验收报告；验收供货商COA

3.解析　质量控制措施应当根据产品实际质量控制的需要，每个微生物指标和理化指标至少提供1项质量控制措施，并在简要说明中进一步阐述具体的实施方案，以确保最终产品符合《化妆品安全技术规范》以及产品执行的标准要求。同一项目的质量控制措施和简要说明应当科学、合理，并且应当具有对应关系。对产品质量具有重要影响的关键成分的质量控制的质量措施设置应考虑产品配方特性和实际生产影响，采取科学和合理的质量管理措施。如案例中"菌落总数"填报质量管理措施的具体方式仅采取原料相关指标控制的管理措施不能完全保证产品的质量安全和稳定，应补充其他管理措施全面保证产品质量，如采取检验方式控制终产品的含量等。

（三）质量控制措施采用检验方式的填报应规范

1.法规　《化妆品注册备案资料管理规定》第三十条（五）项下规定：

3.采用检验方式作为质量控制措施的，应当注明检验频次，所用方法与《化妆品安全技术规范》所载方法完全一致的，应当填写《化妆品安全技术规范》的检验方法名称；与《化妆品安全技术规范》所载方法不一致的，应当填写检验方法名称，说明该方法是否与《化妆品安全技术规范》所载方法开展过验证，完整的检验方法和方法验证资料留档备查。

2.案例（表6-5）

表6-5　质量控制措施填报不合理案例2

序号	检验项目	指标	质量管理措施	简要说明
1	菌落总数	≤1000CFU/g	第三方送检	按《化妆品安全技术规范（2015年版）》检验
2	砷	≤2mg/kg	原料相关指标控制以及全项检验	原料的入厂验收执行《物料验收管理制度》，所有入厂原料按照《原料内控标准》进行验收，并保留验收报告；验收供货商CCA
3	铅	≤10mg/kg	产品逐批检验	总重金属检测

3.解析　产品执行的标准微生物指标和理化指标的质量控制措施包括但不限于产品逐批检验、全项检验+检验频次、原料相关指标控制、生产工艺流程管控等。当采用检验方式作为质量控制措施的，应当注明检验频次。一般检验方式填报为全项检验和第三方检验等无法判断具体频次的相关表述，须相应明确具体检验频次。案例中的"菌落总数"的"质量管理措施"未明确"检验频次"，且简要说明中的检验方法未明确具体检验方法；"砷""质量管理措施"未明确"检验频次"且简要说明中无检验方法；"铅"简要说明中的检验方法与《化妆品安全技术规范》所载方法不一致，应说明该方法是否与《化妆品安全技术规范》所载方法开展过验证。

当同一个质量控制项目的检验方法标准中会有不同的检验方法，不同检验方法的适用范围可能存在差异，备案人应根据产品配方、生产工艺及实际检验能力选择合适的检验方法，不同检验方法可能存在检验结果有差异的情况。因此，采用检验方式作为质量控制措施的，还应标注具体的检验方法。

《化妆品安全技术规范》中收录的检验方法经过多方验证评审，保证方法具备科学性、合理性、可控性和普适性。备案人选择的检验方法与《化妆品安全技术规范》所载方法不一致时，应当填写检验方法名称，说明该方法是否与《化妆品安全技术规范》所载方法开展过验证。完整的检验方法和方法验证资料留档备查。为获得稳定、可靠和准确的数据，方法验证是极为重要的必要程序。

（四）质量控制措施采用非检验方式的填报应规范

1.法规　《化妆品注册备案资料管理规定》第三十条（五）项下规定"4.采用非检验方式作为质量控制措施的，应当明确具体的实施方案，对质量控制措施的合理性进行说明，以确保产品符合《化妆品安全技术规范》要求。"

2. 案例（表6-6）

表6-6 质量控制措施填报不合理案例3

序号	检验项目	指标	质量管理措施	简要说明
1	菌落总数	≤1000CFU/g	产品逐批检验	按《化妆品安全技术规范（2015年版）》"微生物检验方法"进行检验
2	砷	≤2mg/kg	从原料源头控制	按《化妆品安全技术规范（2015年版）》"第四章 理化检验方法1.4"中砷的检验方法第一法 氢化物原子荧光光度法进行
3	铅	≤10mg/kg	生产工艺流程管控和产品逐批检验	按《化妆品安全技术规范（2015年版）》"第四章 理化检验方法1.3"中铅的检验方法第二法 火焰原子吸收分光光度法进行

3. 解析 按照《化妆品注册备案资料管理规定》要求"采用非检验方式作为质量控制措施的，应当明确具体的实施方案，对质量控制措施的合理性进行说明，以确保产品符合《技术规范》要求"因此，应当在简要说明中解释"生产工艺流程管控"的具体控制措施。《化妆品注册备案资料管理规定》附件16中有"生产工艺流程管控和全项检验"的举例说明（厂房空气洁净度控制、必要的环境监测，具体的检验方法），备案人在实际填写时应依据申报产品的实际控制情况填写而不是简单照抄。

四、使用方法填报要求

1. 法规

（1）《化妆品注册备案资料管理规定》第三十条规定"（六）使用方法。应当阐述化妆品的使用方法，对使用人群和使用部位有特殊要求的，应当予以说明"。

（2）《化妆品安全技术规范》（表6-7）

表6-7 化妆品限用组分（表3）序号11

序号	物质名称			限制			标签上必须标印的使用条件和注意事项
	中文名称	英文名称	INCI名称	适用及（或）使用范围	化妆品使用时的最大允许浓度	其他限制和要求	
11	三链烷胺，三链烷醇胺及它们的盐类	Trialkyl amines, trialkan olamines and their salts		（a）驻留类产品	（a）总量2.5%	不和亚硝基化体系（Nitrosating system）一起使用；避免形成亚硝胺；最低纯度：99%；原料中仲链烷胺最大含量0.5%；产品中亚硝胺最大含量50mg/kg；存放于无亚硝酸盐的容器内。	

2.案例

【案例1】产品使用方法：洁肤后，取本品适量均匀喷于所需部位/所有肌肤类型适量，轻拍至吸收。

【案例2】产品使用方法（产品配方含3%三乙醇胺的剃须膏产品）：剃须前，先用温水湿润胡须部位，均匀涂上须膏，软化后使用剃须刀刮剃，无需冲洗。

3.解析　化妆品使用方法是确保消费者能够正确使用产品的重要内容，正确的使用方法不仅能够确保产品的最佳效果，还能避免因误用造成的不适和副作用，尤其对使用人群和使用部位有特殊要求的，应当明确予以说明，并且与产品分类编码中使用人群和使用部位一致。

案例1使用"所需部位"和"所有肌肤"等统称表述时，基于安全风险原则，应按照法规要求最严格的使用部位和使用人群进行分类管理，如"所需部位"应考虑眼部、口唇等部位，"所有肌肤"应考虑敏感肌人群适用问题。

使用方法还是备案人研发产品应该考虑的重要内容。如配方中使用3%含量的三乙醇胺作为原料，剃须膏正常使用为淋洗类产品，而案例2中的使用方法描述则为驻留类产品，此时三乙醇胺的添加量则超出《化妆品安全技术规范》的要求。

五、安全警示用语填报要求

1.法规　《化妆品注册备案资料管理规定》第三十条（六）项下规定"安全警示用语应当符合化妆品标签管理规定和《化妆品安全技术规范》等相关法规的要求。"

2.案例

【案例1】产品中使用原料"水杨酸"，安全警示用语：请放置在婴幼儿接触不到的地方。

【案例2】产品标签宣称"苹果酸"，安全警示用语：敏感肌肤建议使用前先取些许产品在脚背小范围试用，肌肤不适应者，请暂停使用。

3.解析　化妆品安全警示用语基于安全风险因素，根据有关法律法规或产品特点进行标示的警告内容。凡国家有关法律和法规有要求或根据化妆品特点需要时，应在化妆品销售包装的可视面上标注安全警示用语。安全警示用语应以"注意:"或"警告:"等作为引导语。

（1）国家有关法律和法规有要求 含有硫柳汞成分的化妆品应按照《技术规范》的规定标注"注意（或警告）：含硫柳汞"。气溶胶类、指甲油、卸甲液等具有引燃性产品应标明"产品不得撞击；应远离火源使用；产品存放环境应干燥、通风，温度在50℃以下，应避免阳光直晒，远离火源、热源；产品用完的空罐勿刺穿及投入火中"等。

（2）化妆品特点需要 一些化妆品使用过程中容易出现安全问题。如不可用于染眉毛和眼睫毛，如果不慎入眼，应立即冲洗；专业使用时，应戴合适手套等；适用于儿童等特殊人群的化妆品必要时应标注相应的注意事项等。

（3）《化妆品安全技术规范》要求必须警示的成分（表6-8）。

表6-8 《化妆品安全技术规范》要求必须警示的成分

序号	原料名称	警示语
1	碘丙炔醇丁基氨甲酸酯	三岁以下儿童勿用
2	水杨酸、水杨酸盐	含水杨酸；三岁以下儿童勿用
3	苯扎氯铵、苯扎溴铵、苯扎糖精铵	避免接触眼睛
4	过氧化锶（淋洗类发用产品）	避免接触眼睛；如果产品不慎入眼，应立即冲洗；仅供专业使用；戴适宜的手套
5	二硫化硒	含二硫化硒；避免接触眼睛和损伤皮肤
6	氯化锶	含氯化锶；儿童不宜常用
7	过氧化氢和其他释放过氧化氢的化合物或混合物，如过氧化脲和过氧化锌	a）发用产品：需戴合适手套；含过氧化氢；避免接触眼睛；如果产品不慎入眼，应立即冲洗。b）肤用产品：含过氧化氢；避免接触眼睛；如果产品不慎入眼，应立即冲洗。c）指（趾）甲硬化产品：含过氧化氢；避免接触眼睛；如果产品不慎入眼，应立即冲洗
8	草酸及其酯类和碱金属盐类	仅供专业使用
9	氢氧化钙	a）含有氢氧化钙和胍盐的头发烫直产品：含强碱；避免接触眼睛；可能引起失明；防止儿童抓拿。b）脱毛产品用pH调节剂：含强碱；避免接触眼睛；防止儿童抓拿。c）其他用途，如pH调节剂、加工助剂：无要求
10	氢氧化锂	a）头发烫直产品，一般用：含强碱、避免接触眼睛、可能引起失明、防止儿童抓拿；仅供专业使用：避免接触眼睛、可能引起失明。b）脱毛产品用pH调节剂：含强碱、避免接触眼睛、防止儿童抓拿。c）其他用途，如pH调节剂（仅用于淋洗类产品）：无要求

续表

序号	原料名称	警示语
11	巯基乙酸及其盐类	a）烫发产品：含巯基乙酸盐；按用法说明使用；防止儿童抓拿；仅供专业使用；需作如下说明：避免接触眼睛；如果产品不慎入眼，应立即用大量水冲洗，并找医生处治。b）脱毛产品：含巯基乙酸盐；按用法说明使用；防止儿童抓拿；需作如下说明：避免接触眼睛；如果产品不慎入眼，应立即用大量水冲洗，并找医生处治。c）其他淋洗类发用产品：含巯基乙酸盐；按用法说明使用；防止儿童抓拿；需作如下说明：避免接触眼睛；如果产品不慎入眼，应立即用大量水冲洗，并找医生处治
12	巯基乙酸酯类	烫发产品：含巯基乙酸酯；按用法说明使用；防止儿童抓拿；仅供专业使用；需作如下说明：避免接触眼睛；如果产品不慎入眼，应立即用大量水冲洗，并找医生处治
13	硝酸银	含硝酸银；如果产品不慎入眼，应立即冲洗
14	碱金属/碱土金属的硫化物类	脱毛产品：防止儿童抓拿；避免接触眼睛
15	氢氧化锶	脱毛产品用pH调节剂：防止儿童抓拿；避免接触眼睛
16	氯化羟锆铝配合物（AlxZr（OH）yClz）和氯化羟锆铝甘氨酸配合物	抑汗产品：不得用于受刺激的或受损伤的皮肤
17	苯酚磺酸锌	除臭产品、抑汗产品和收敛水：避免接触眼睛
18	甲醛	指（趾）甲硬化产品：含甲醛；用油脂保护表皮
19	氢氧化钾（或氢氧化钠）	指（趾）甲护膜溶剂：含强碱；避免接触眼睛；可能引起失明；防止儿童抓拿
20	滑石：水合硅酸镁	3岁以下儿童使用的粉状产品：应使粉末远离儿童的鼻和口
21	α–羟基酸及其盐类和酯类	如用于非防晒类护肤化妆品，且含≥3%的α–羟基酸或标签上宣称α–羟基酸时，应注明"与防晒化妆品同时使用"
22	氨	含2%以上氨时，应注明"含氨"
23	二（羟甲基）亚乙基硫脲	含二（羟甲基）亚乙基硫脲
24	双氯酚	含双氯酚
25	三氯叔丁醇	含三氯叔丁醇
26	戊二醛	含戊二醛（当成品中戊二醛浓度超过0.05%时）
27	苯汞的盐类，包括硼酸苯汞	含苯汞化合物
28	硫柳汞	含硫柳汞
29	二苯酮–3	含二苯酮–3
30	间苯二酚	含间苯二酚

（4）案例1中配方添加"水杨酸"，根据《化妆品安全技术规范》的要求应在"安全警示用语"项下填报"含水杨酸；三岁以下儿童勿用"。案例2中配方添加"苹果酸"，根据《化妆品安全技术规范》的要求应在"安全警示用语"项下填报"与防晒化妆品同时使用"。

六、使用期限填报要求

1.法规 《化妆品注册备案资料管理规定》第三十条规定"（八）使用期限。应当根据产品包装、产品自身稳定性或者相关实验结果，设定产品的使用期限。"

2.案例 使用期限：生产批号和限期使用日期，见外包装标识。

3.解析 使用期限的设定应当是结合自身产品特性：产品包装、产品稳定性或者相关实验结果，经过科学研究实验，具有充分科学依据而确定。消费者在使用期限内正确的使用化妆品能保证安全性和有效性。因此，规范填报产品使用期限是产品执行的标准中很重要的内容。

一般使用期限采用"××年""××月""××日"等方式直观填报，同时为与产品标签样稿和产品市售包装保持一致和便于消费者识别对应，增加备注产品标签样稿和产品市售包装的标签标注形式。如使用期限：三年（标签标注形式为：生产批号和限期使用日期/生产日期和保质期）。

小 结

本章根据《化妆品注册备案资料管理规定》要求，对产品执行的标准项下生产工艺简述填报、感官指标填报、微生物指标和理化指标填报、安全警示用语填报、使用方法填报和使用期限填报要求进行案例解析，重点对微生物指标和理化指标设置的科学性和采取的质量控制措施的合理性进行说明，对重点需要关注的安全警示用语进行梳理，对使用期限的表述进行规范等，规范和统一普通化妆品备案资料产品执行的标准的填报要求和核查标准，提升普通化妆品备案资料质量。

第七章 产品标签样稿

👉 引言

　　《化妆品监督管理条例》规定备案产品需要提交产品标签样稿，并对化妆品标签需要标注的内容进行了明确，《化妆品注册备案资料管理规定》和《化妆品标签管理办法》进一步明确了标签上传、标签标注内容。

　　化妆品标签是监督管理的核心要素之一，是消费者选购产品的关键因素，承载了产品的品牌形象，是消费者行使知情权的最重要途径，能直观查阅产品的安全、功效等信息；化妆品无医师指导，为消费者自主使用，标签信息直接影响消费者的使用习惯；印有追溯信息，能够倒逼企业落实主体责任，同时便于控制风险。

一、标签不得宣称涉医涉药情形

（一）利用商标、图案、字体颜色大小、色差、谐音或者暗示性的文字、字母、汉语拼音、数字、符号等方式明示/暗示医疗作用或者进行虚假宣称

1.法规

（1）《化妆品监督管理条例》

第三条　本条例所称化妆品，是指以涂擦、喷洒或者其他类似方法，施用于皮肤、毛发、指甲、口唇等人体表面，以清洁、保护、美化、修饰为目的的日用化学工业产品。

第三十七条　化妆品标签禁止标注下列内容：

（一）明示或者暗示具有医疗作用的内容；

（二）虚假或者引人误解的内容；

（三）违反社会公序良俗的内容；

（四）法律、行政法规禁止标注的其他内容。

（2）《化妆品标签管理办法》

第三条　本办法所称化妆品标签，是指产品销售包装上用以辨识说明产品基本信息、属性特征和安全警示等的文字、符号、数字、图案等标识，以及附有标识信息的包装容器、包装盒和说明书。

第八条　化妆品产品中文名称一般由商标名、通用名和属性名三部分组

成，约定俗成、习惯使用的化妆品名称可以省略通用名或者属性名，商标名、通用名和属性名应当符合下列规定要求：

（一）商标名的使用除符合国家商标有关法律法规的规定外，还应当符合国家化妆品管理相关法律法规的规定。不得以商标名的形式宣称医疗效果或者产品不具备的功效。以暗示含有某类原料的用语作为商标名，产品配方中含有该类原料的，应当在销售包装可视面对其使用目的进行说明；产品配方不含有该类原料的，应当在销售包装可视面明确标注产品不含该类原料，相关用语仅作商标名使用"。

第十九条　化妆品标签禁止通过下列方式标注或者宣称：

......

（三）利用商标、图案、字体颜色大小、色差、谐音或者暗示性的文字、字母、汉语拼音、数字、符号等方式暗示医疗作用或者进行虚假宣称。

国家食品药品监督管理总局
关于国产非特殊用途化妆品命名有关事宜的批复

食药监药化管函〔2015〕71号

北京市食品药品监督管理局：

你局《关于国产非特殊用途化妆品备案事宜的请示》（京食药监保化〔2014〕39号）收悉。经研究，现批复如下：

一、"医生"等相关用语属于医疗术语，用于化妆品名称中，违反了《化妆品卫生监督条例》和《化妆品命名规定》（国食药监许〔2010〕72号）等有关规定。请你局严格国产非特殊用途化妆品备案要求，新申请备案的产品一律不得使用"医生"等相关用语进行化妆品命名；已备案产品名称中使用了"医生"等相关用语的，应当责令改正。

二、依据《化妆品命名规定》，化妆品名称一般应当由商标名、通用名、属性名组成。注册商标用于化妆品命名时，应当符合化妆品监管相关法规、规定要求。

国家食品药品监管总局

2015年5月15日

（公开属性：依申请公开）

抄送：各省、自治区、直辖市食品药品监督管理局。

2.案例

【案例1】标签上标注外用药品标识"外"（图7-1）。

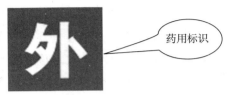

图7-1　标签宣称涉医涉药案例1

【案例2】产品名称：老军医本草调理膏（图7-2）。

图7-2　标签宣称涉医涉药案例2

【案例3】标签宣称："中医世家"，如以企业LOGO、企业文化理念、文案背景等形式明示或暗示具有医疗作用（图7-3）。

图7-3　标签宣称涉医涉药案例3

【案例4】标签标注中医把脉问诊的图案（图7-4）。

图7-4　标签宣称涉医涉药案例4

【案例5】标签标注红十字图案或医生、护士的形象图案（图7-5）。

暗示医疗宣称

图7-5　标签宣称涉医涉药案例5

【案例6】产品名称商标名使用谐音暗示产品不具备的功效或医疗作用。如商标名"俞发"谐音暗示"育发"功效；商标名"翳生"暗示"医生"。

3.解析

【案例1】图7-1中，"外"属于常见药用标识，化妆品标注该标志易引人误解，与外用药混淆，或者暗示产品具有医疗功效。

【案例2】产品名称中使用"老军医"，不符合《化妆品标签管理办法》中关于商标名"不得以商标名的形式宣称医疗效果或者产品不具备的功效"的规定。

【案例3】产品标签中如以企业LOGO、企业文化理念、文案背景等形式标注"中医世家"，明示或者暗示具有医疗作用，易引人误解。

【案例4】产品标签中标注"问诊"图案，明示或者暗示具有医疗作用，易引人误解。

【案例5】产品标签中标注"医生/护士卡通形象"，明示或者暗示具有医疗作用，易引人误解。

【案例6】产品标签中"MEDI HAIR""域发"谐音"育发"，"翳生"暗示"医生"，暗示医疗作用。

（二）使用医疗术语、医学名人的姓名、描述医疗作用和效果的词语或者已经批准的药品名明示或者暗示产品具有医疗作用

1.法规

（1）《化妆品监督管理条例》

第三条　本条例所称化妆品，是指以涂擦、喷洒或者其他类似方法，施用于皮肤、毛发、指甲、口唇等人体表面，以清洁、保护、美化、修饰为目的的日用化学工业产品。

第三十七条 化妆品标签禁止标注下列内容：

（一）明示或者暗示具有医疗作用的内容；

（二）虚假或者引人误解的内容；

（三）违反社会公序良俗的内容；

（四）法律、行政法规禁止标注的其他内容。

（2）《化妆品标签管理办法》

第三条 本办法所称化妆品标签，是指产品销售包装上用以辨识说明产品基本信息、属性特征和安全警示等的文字、符号、数字、图案等标识，以及附有标识信息的包装容器、包装盒和说明书。

第十九条 化妆品标签禁止通过下列方式标注或者宣称：

（一）使用医疗术语、医学名人的姓名、描述医疗作用和效果的词语或者已经批准的药品名明示或者暗示产品具有医疗作用。

2.**案例**

【**案例1**】产品使用说明书（图7-6）。

> 产品名称：××亮眼贴
>
> 成分：水、金黄洋甘菊提取物、山金车提取物、夏枯草提取物、欧蒲公英根、黄连提取物
>
> 功效：通经活络，活血化瘀，通眼穴，消除眼部各种毒素
> 适应人群：眼疲劳、眼干、眼涩、眼流泪、眼模糊、眼胀等人群。 ——医疗宣称
>
> 使用方法：1.使用前清洗眼部及周围皮肤表面灰尘；2.闭上眼睛，将本品敷于眼部及周围皮肤上；3.闭目休息20分钟后，揭下眼贴；4.取下眼贴之后，眼球转圈左右各20次帮眼部血液循环。
>
> 注意事项：1.孕妇禁用，儿童必须在成人监护下使用；2.眼部有损伤或肿肿胀者、皮肤过敏者慎用；3.使用过程中不慎入眼，请立即用清水清洗；4.包装袋破损或胀袋请勿使用；5.本产品为一次性使用产品，不可重复使用。

图7-6 产品使用说明书

【**案例2**】见图7-7。

> 产品名称：××活肤喷雾
> 产品宣称：五大连池火山冷矿泉——医疗专家认定为优质医疗矿泉，富含天然二氧化碳气体，60余种矿物质元素，14种人体必需微量元素，且元素比例与人体血液比例基本一致。长期实践证明，能提高皮下组织机能，促进皮肤血液循环，修复皮肤损伤，舒缓皮肤血管，改善皮肤过敏，对各种皮肤病有显著疗效。冷泉中的钠、钙、铁等元素含量更稳定，天然二氧化碳气体对皮肤血管的收缩舒张作用胜于温泉。

图7-7 ××活肤喷雾标签宣称

【案例3】见图7-8。

> 产品名称：××舒润修护液
> 药妆 臻品，带给健康美丽体验； 医学级 护肤品，使用无压力

图7-8 标注"药妆""医学级"明示或暗示医疗作用

【案例4】

标签宣称：产品含 人寡肽-1 ，能促进表皮新陈代谢，能够 快速恢复皮肤损伤 。 人寡肽-1 对应配方成分中的寡肽-1，不得作为化妆品原料使用。

3.解析

【案例1】标签中宣称"功效：通经活络，活血化瘀，通眼穴，消除眼部各种毒素""适应人群：眼疲劳、眼干、眼涩、眼流泪、眼模糊、眼胀等人群""帮助眼部血液循环"，描述医疗作用和效果，已超出化妆品定义范畴。

【案例2】标签中宣称"提高皮下组织机能，促进皮肤血液循环，修复皮肤损伤，舒缓皮肤血管，改善皮肤过敏，对各种皮肤病有显著疗效"描述医疗作用和效果，已超出化妆品定义范畴。

注：使用医学名人、医疗术语等进行组合的词汇/商标，也属于易引人误解的范畴，如"时珍××"。

【案例3】原国家食药局2010年发布《关于加强化妆品标识和宣称日常监管工作的通知》将把标识和宣称"药妆""医学护肤品"等夸大宣传、使用医疗术语的违规行为作为日常监督检查的重点之一，对生产、经营在标签小包装或者说明书上标识和宣称药妆、医学护肤品等夸大宣传的违法违规行为，要依据《化妆品卫生监督条例》及其实施细则等有关规定予以查处。国家药

品监督管理局网站2019年发布的《化妆品监督管理常见问题解答（一）》再次明确指出：不但是我国，世界大多数的国家在法规层面均不存在"药妆品"的概念。避免化妆品和药品概念的混淆，是世界各国（地区）化妆品监管部门的普遍共识。部分国家的药品或医药部外品类别中，有些产品同时具有化妆品的使用目的，但这类产品应符合药品或医药部外品的监管法规要求，不存在单纯依照化妆品管理的"药妆品"。

【案例4】根据国家药品监督管理局网站2019年发布的《化妆品监督管理常见问题解答（一）》解答：寡肽-1和人寡肽1（表皮生长因子，EGF）非同一种物质。寡肽-1为甘氨酸、组氨酸和赖氨酸3种氨基酸组成的合成肽。而人寡肽-1又名表皮生长因子（epidermal growth factor, EGF），是由53个氨基酸组成的"53肽"，分子量为6200道尔顿单位。

寡肽-1收录于我国《已使用化妆品原料名称目录》（2021年版），一般作为皮肤调理剂使用。而人寡肽-1未被收录于该目录，一般在医学领域使用较多，临床适应证为外用治疗烧伤、创伤及外科伤口愈合，加速移植的表皮生长。由于分子量较大，EGF在正常皮肤屏障条件下较难被吸收，一旦皮肤屏障功能不全，可能会引发其他潜在安全性问题。基于有效性及安全性方面的考虑，EGF不得作为化妆品原料使用。综上，不同于寡肽-1，人寡肽-1（EGF）不得作为化妆品原料使用。在配方中添加或者产品宣称含有人寡肽-1或EGF的，均属于违法产品。

二、不得涉及虚假或者引人误解的情形

1.法规

（1）《化妆品监督管理条例》

第三十七条 化妆品标签禁止标注下列内容：

（一）明示或者暗示具有医疗作用的内容；

（二）虚假或者引人误解的内容；

（三）违反社会公序良俗的内容；

（四）法律、行政法规禁止标注的其他内容。

（2）《化妆品标签管理办法》

第三条 本办法所称化妆品标签，是指产品销售包装上用以辨识说明产品基本信息、属性特征和安全警示等的文字、符号、数字、图案等标识，以

及附有标识信息的包装容器、包装盒和说明书。

第八条 化妆品产品中文名称一般由商标名、通用名和属性名三部分组成，约定俗成、习惯使用的化妆品名称可以省略通用名或者属性名，商标名、通用名和属性名应当符合下列规定要求：

（一）商标名的使用除符合国家商标有关法律法规的规定外，还应当符合国家化妆品管理相关法律法规的规定。不得以商标名的形式宣称医疗效果或者产品不具备的功效。以暗示含有某类原料的用语作为商标名，产品配方中含有该类原料的，应当在销售包装可视面对其使用目的进行说明；产品配方不含有该类原料的，应当在销售包装可视面明确标注产品不含该类原料，相关用语仅作商标名使用。

第十九条 化妆品标签禁止通过下列方式标注或者宣称：

……

（二）使用虚假、夸大、绝对化的词语进行虚假或者引人误解地描述。

2.案例

【案例1】护发类产品商标名为"黑又密"（图7-9）。

图7-9 虚假宣称产品不具备的功效案例

【案例2】标签宣称"植物净屑"，配方中的植物成分均为发用调理剂。易引人误解为去屑功效成分为植物原料。

【案例3】产品标签宣称"可食用"，使用"食品级"原料或容器，产品名称使用"棒棒糖"（图7-10）。

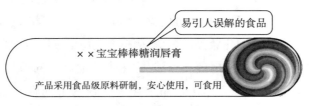

图7-10 产品易引人误解案例

【案例4】产品虚假宣传（图7-11）。

虚假宣传

产品名称：××苹果干细胞肌底紧致霜

成分：二裂酵母发酵产物滤液、聚二甲基硅氧烷、异十六烷、蜂蜡、甘油、甘油聚醚-26、水、CI 77163、合成蜡、硫酸镁、对羟基苯乙酮、苹果（MALUS DOMESTICA）果实细胞培养物提取物。

其他微量成分：精氨酸/赖氨酸多肽、麦角硫因、黄原胶、柠檬酸钠、山梨酸钾、异山梨醇酐二甲醚、双丙甘醇、卵磷脂、竹炭、焦糖色。

注：苹果干细胞指成分苹果（MALUS DOMESTICA）果实细胞培养物提取物。

图7-11　产品虚假宣称案例

3.解析

【案例1】商标名“黑又密”，功效宣称为“护发”，“黑又密”易与防脱、育发等含义混淆，以商标名的形式宣称产品不具备的功效。

【案例2】产品标签宣称“植物净屑”，配方中的植物成分均为发用调理剂，易引人误解为去屑功效成分为植物原料。

【案例3】化妆品和食品依据不同的法规规定，适用不同的产品标准、原料要求、生产条件等，不存在所谓“食品级”化妆品。化妆品的安全性，主要涉及原料安全性，以及配方、工艺、使用、贮存等，与是否“可食用”无关系，一些可食用或者在食品中广泛存在的物质被收录为化妆品禁用原料，比如维生素K_1等。国家药监局发布《儿童化妆品监督管理规定》，明确要求：儿童化妆品不得标注“食品级”“可食用”等词语或者食品有关图案。案例中产品名称宣称“棒棒糖”以及包装图案“棒棒糖”，易误导消费者为食品，应当避免与食品类似的名称、宣称和图案。

【案例4】国家药品监督管理局2021年发布科普文章《“干细胞化妆品”是个伪概念》指出国家药监局2021年修订发布的《已使用化妆品原料目录》中，未收录名称含有“干细胞”的化妆品原料。目前，国家药监局未注册或者备案任何干细胞相关的化妆品原料。所谓“植物干细胞”，其实是植物的分生组织，本质上是一类植物细胞，只能分化为其他类型的植物细胞，不能分化为人的细胞。一些商家宣称化妆品中含有“植物干细胞”，容易使消费者误解认为植物分生组织对人的细胞具有分化作用。根据《化妆品监督管理条例》，化妆品标签和广告禁止标注虚假或者引人误解的内容。国家市场监督管理总局广告监管司2021年也发布《关于加强干细胞广告监管的工作提示》指出市场上大量声称"干细胞"能抗衰、美容、控糖、抗癌等广告涉及虚假宣传，要求进一步加强对含有干细胞内容广告的监测监管，严查相关虚假违法案件。

三、不得涉及编造虚假信息和贬低其他合法产品的情形

1.法规

（1）《化妆品标签管理办法》第十九条规定"化妆品标签禁止通过下列方式标注或者宣称：……（五）通过编造虚假信息、贬低其他合法产品等方式误导消费者"。

（2）《化妆品安全技术规范》3.4 有害物质限值要求（表7-1）。化妆品中有害物质不得超过表7-1中规定的限值。

表7-1　化妆品中有害物质限值

有害物质	限值（mg/kg）	备注
汞	1	含有机汞防腐剂的眼部化妆品除外
铅	10	
砷	2	
镉	5	
甲醇	2000	
二噁烷	30	
石棉	不得检出	

（3）《化妆品注册和备案检验工作规范》附1 化妆品注册和备案检验项目要求"五、产品配方中含有以下原料的产品，应当按以下要求确定检验项目：……（三）配方中含有乙氧基结构原料的产品，应当检测二噁烷。"

2.案例（图7-12）

涉嫌贬低其他合法产品，易引人误解

针对薄弱皮肤屏障的温和配方设计，本品不产生有害副产物二噁烷，核心成分全部采用进口原料*，品质纯正、柔润温和。

图7-12　涉嫌贬低其他合法产品案例

3.解析 二噁烷（Dioxane，CAS No. 123-91-1）是一种含有氧元素的有机化合物，属微毒类物质，可通过吸入、食入以及皮肤吸收等方式进入体内，对皮肤、眼部和呼吸系统产生刺激，并且可能对肝、肾和神经系统造成损害。二噁烷被国际癌症研究机构列入2B类致癌物，属于《化妆品安全技术规范》化妆品禁用组分第496号物质。通常化妆品中检出的二噁烷主要源于聚醚类表面活性剂的原料，二噁烷是生产这类原料时生成的副产物。而聚醚类表面活性剂在护肤品以及洗发香波、浴液、牙膏等洗漱用品中常用，尤其在洗漱产品中主要作为清洁剂、发泡剂，用量较大，使用该类原料的产品可能会检出相应副产物二噁烷。因此如果技术上无法避免禁用物质作为杂质带入化妆品时，化妆品必须符合《化妆品安全技术规范》要求，在正常、合理、可预见的使用条件下，不得对人体健康产生危害。

标签标注"本品不产生有害副产物二噁烷"，涉嫌贬低其他合法产品，易引人误解。

四、不得使用尚未被科学界广泛接受的术语、机理编造概念的情形

1.法规 《化妆品标签管理办法》第十九条规定"化妆品标签禁止通过下列方式标注或者宣称：……（四）使用尚未被科学界广泛接受的术语、机理编造概念误导消费者"。

2.案例

产品名称：××水素保湿面膜

产品标签：水素：电解还原性氢水生成装置制成的还原性氢水。

3.解析 标签样稿中"水素"解释为"电解还原性氢水生成装置制成的还原性氢水"，涉嫌使用尚未被科学界广泛接受的术语、机理编造概念易引人误解。

五、不得利用国家机关、事业单位、医疗机构、公益性机构等情形

1.法规 《化妆品标签管理办法》第十九条规定"化妆品标签禁止通过下列方式标注或者宣称：……（九）利用国家机关、事业单位、医疗机构、公益性机构等单位及其工作人员、聘任的专家的名义、形象作证明或者推荐"。

2.案例

【案例1】

产品名称：××精华洗发露

产品标签：××医院研制（图7-13）

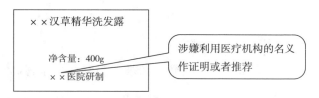

图7-13　产品涉嫌利用医疗机构宣称案例

【案例2】

产品标签：本产品含纤连蛋白，纤连蛋白为中国科学院发明专利。

3.解析

【案例1】标签宣称"××医院研制"，其中"××医院"为医疗机构，涉嫌利用医疗机构的名义作证明或者推荐。

【案例2】标签宣称"纤连蛋白为中国科学院发明专利"，其中"中国科学院"为事业单位，涉嫌用事业单位形象宣传。

六、宣称原料功能不得暗示产品功效的情形

1.法规　《化妆品标签管理办法》第十九条规定"化妆品标签禁止通过下列方式标注或者宣称：……（七）通过宣称所用原料的功能暗示产品实际不具有或者不允许宣称的功效"。

2.案例（图7-14）

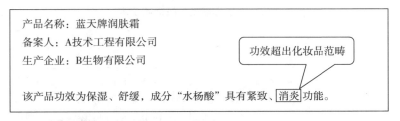

图7-14　宣称原料功能暗示产品功效的案例

功效宣称：保湿、舒缓

3.解析　该产品原料含有"水杨酸"，产品的功效是通过原料功效达到，标签上对原料功效的宣称，也是对产品功效的一种宣传方式，其中"紧致"为产品本身不具有的功效，"消炎"功效超出化妆品范畴。

七、儿童化妆品标识标注要求

1.法规

（1）《儿童化妆品监督管理规定》

第六条 儿童化妆品应当在销售包装展示面标注国家药品监督管理局规定的儿童化妆品标志。

非儿童化妆品不得标注儿童化妆品标志。

（2）国家药监局《关于发布儿童化妆品标志的公告》（2021年第143号）

儿童化妆品标志应当按照国家药品监督管理局规定的图案，等比例标注在销售包装容易被观察到的展示面（以下称主要展示版面）的左上方，清晰易识别。当主要展示版面的表面积大于100平方厘米时，儿童化妆品标志最宽处的宽度不得小于2厘米。当主要展示版面的表面积小于等于100平方厘米时，儿童化妆品标志最宽处的宽度不得小于1厘米（图7-15）。

儿童化妆品标志　　　　　　推荐的配色信息

儿童化妆品标志

图7-15　儿童化妆品标志要求

2.案例（图7-16）

产品名称：××儿童化妆盒 备案人和生产企业：广州AA化妆品有限公司 　地址：广州市白云区××路××号 　化妆品生产许可证号：粤妆202311×× 　产品执行的标准编号：粤G妆网备字202311××× 　限期使用日期及批号见喷码	成分：聚丁烯、矿油、云母、CI 15850、蜂蜡、苯氧乙醇 　使用方法：压棉棒蘸取适量眼影膏，闭合双眼，由内眼角向外眼角轻刷。 "小金盾"未标注在展示版面的左上方

图7-16　未规范标注儿童化妆品标志案例

3.解析　该案例中产品为儿童化妆品，儿童化妆品标志"小金盾"未标注在展示版面的左上方。

> 问：儿童化妆品标志对字体和颜色的要求是否必须与公告中建议的字体、颜色一致？
>
> 答：根据《儿童化妆品监督管理规定》，儿童化妆品应当在销售包装展示面标注儿童化妆品标志。为便于消费者识别，儿童化妆品标志应当等比例标注在销售包装主要展示面的左上方，清晰易识别。儿童化妆品标志整体采用金色，对公告中的配色信息不做强制要求，儿童化妆品企业可根据实际包装情况，对颜色和字体进行微调，但应当清晰、持久易于辨认、识读。
>
> 信息来源：中国食品药品检定研究院官网　化妆品审评常见问题解答

八、标签宣称产生歧义的情形

（一）标签标识"适用于全人群""全家使用"等词语或者利用商标、图案、谐音、字母、汉语拼音、数字、符号、包装形式等暗示产品使用人群包含儿童的

1.法规

（1）《儿童化妆品监督管理规定》第三条规定"标识'适用于全人群''全家使用'等词语或者利用商标、图案、谐音、字母、汉语拼音、数字、符号、包装形式等暗示产品使用人群包含儿童的产品按照儿童化妆品管理"。

（2）《化妆品分类规则和分类目录》附表3（表7-2）。

表7-2　使用人群分类目录

序号	使用人群	说　明
C	新功效	不符合以下规则的产品；宣称孕妇和哺乳期妇女适用的产品
01	婴幼儿 （0~3周岁，含3周岁）	功效宣称仅限于清洁、保湿、护发、防晒、舒缓、爽身
02	儿童 （3~12周岁，含12周岁）	功效宣称仅限于清洁、卸妆、保湿、美容修饰、芳香、护发、防晒、修护、舒缓、爽身
03	普通人群	不限定使用人群

2.案例（图7-17） 产品商标名为"安宝宝"，产品标签有卡通宝宝形象，系统内填报的使用人群为"03普通人群"。

图7-17 易误导产品使用人群包含儿童的案例

3.解析 该产品备案申请表项下使用人群填报为"普通群体"，非儿童化妆品，但产品名称为"安宝宝"且包装印有儿童图案，易引人误解儿童产品。类似情形：适合全家出游使用、全家均可安心使用。

（二）以暗示含有某类原料的用语作为商标名，应对其使用目的进行说明

1.法规 《化妆品标签管理办法》第八条规定：

"化妆品产品中文名称一般由商标名、通用名和属性名三部分组成，约定俗成、习惯使用的化妆品名称可以省略通用名或者属性名，商标名、通用名和属性名应当符合下列规定要求：

（一）商标名的使用除符合国家商标有关法律法规的规定外，还应当符合国家化妆品管理相关法律法规的规定。不得以商标名的形式宣称医疗效果或者产品不具备的功效。以暗示含有某类原料的用语作为商标名，产品配方中含有该类原料的，应当在销售包装可视面对其使用目的进行说明；产品配方不含有该类原料的，应当在销售包装可视面明确标注产品不含该类原料，相关用语仅作商标名使用"。

2.案例

【案例1】见图7-18。

以暗示含有某类原料的用语作为商标名，
配方中不含该类原料，未按要求进行标注

产品名称：玫瑰花下滋润保湿水

成分：水、甘油、苯氧乙醇、香精。

图7-18 玫瑰花下滋润保湿水标签1

【案例2】见图7-19。

以暗示含有某类原料的用语作为商标名，
配方中不含该类原料，未按要求进行标注

产品名称：玫瑰花下滋润保湿水

成分：水、甘油、玫瑰（ROSA RUGOSA）花水、苯氧乙醇

图7-19　玫瑰花下滋润保湿水标签2

3.**解析**　玫瑰花下属于"以暗示含有某类原料的用语作为商标名"的情形，案例1中，产品配方不含有该类原料，应当在销售包装可视面明确标注产品不含该类原料，相关用语仅作商标名使用；案例2中，产品配方中含有该类原料的，应当在销售包装可视面对其使用目的进行说明。

（三）产品名称易引起歧义的应在标签中进行说明

1.**法规**　《化妆品标签管理办法》第八条规定"（五）商标名、通用名或者属性名单独使用时符合本条上述要求，组合使用时可能使消费者对产品功效产生歧义的，应当在销售包装可视面予以解释说明。"

2.**案例**

产品名称：爱伊美白日霜

3.**解析**　按照常规阅读习惯，该产品名称存在两种阅读方式：①爱伊–美白–日霜，②爱伊美–白日–霜。第一种阅读方式易引人误解为该产品具有"美白"功效，美白产品应按特殊化妆品要求进行注册，如为第二种情况，则应在标签中予以解释说明，避免引起误解。

（四）标签标注"监制""出品""品牌授权人"等备案人、生产企业以外的内容

1.**法规**

（1）《化妆品监督管理条例》第三十七条规定"化妆品标签禁止标注下列内容：……（二）虚假或者引人误解的内容"。

（2）国家药品监督管理局网站发布的《化妆品监督管理常见问题解答（五）》

问：化妆品标签为何需要标注注册人、备案人、境内责任人、生产企业的相关信息？

化妆品监督
管理常见问
题解答（五）

答：根据《条例》规定，注册人、备案人应当是依法设立的企业或者其他组织，不是自然人。化妆品注册人、备案人可以自行生产化妆品，也可以委托其他企业生产化妆品。注册人、备案人是境外企业的，应当指定我国境内的企业法人作为境内责任人，协助注册人、备案人承担产品质量安全责任。注册人、备案人对化妆品的质量安全和功效宣称负责，而其他参与产品生产经营的责任主体，如实际生产企业、零售商，在各自职责范围内对产品质量安全负责。化妆品是健康相关产品，为维护消费者的合法权益，便于消费者在产品使用过程中准确获取产品主要责任主体，《条例》《办法》规定，化妆品标签应当标注产品的注册人、备案人、境内责任人的名称、地址。同时，考虑到同一个注册人、备案人可能委托不同的生产企业生产产品，而不同的生产企业生产出的产品可能在质量安全方面存在差异，因此法规还规定产品标签应当标注受托生产企业的名称、地址。

化妆品注册人、备案人、境内责任人、受托生产企业都是法规明确规定的生产责任主体。除此以外，其他与产品生产者相关的概念、用语、表述，包括"监制""出品""品牌授权人"等，因法规无明确定义，词语本身含义也比较模糊，消费者、企业对这些词语的理解并不一致，以类似用语标注企业或者组织信息，将导致消费者对产品生产者和责任主体产生误解，属于《条例》规定的"虚假或者引人误解的内容"，不得在产品标签上进行类似标注。同理，在产品标签上标注产品名称中的商标名以外的其他商标，导致消费者对化妆品生产者和责任主体产生误解的，均属于应当禁止的标签标注行为。

2.案例（图7-20）

图7-20　易误导消费者对化妆品生产者和责任主体产生误解的案例

3.解析　产品名称为蓝天牌润肤霜，备案人为A技术工程有限公司，生产企业为B生物有限公司，标签中标注"C科技公司出品""美丽牌®"，易导致消费者对产品生产者和责任主体产生误解。

注：美丽牌®为C科技公司注册商标。

九、产品标签未按要求填报的情形

（一）标签缺少必须标注的内容

1.法规

（1）《化妆品监督管理条例》

第三十六条　化妆品标签应当标注下列内容：

（一）产品名称、特殊化妆品注册证编号；

（二）注册人、备案人、受托生产企业的名称、地址；

（三）化妆品生产许可证编号；

（四）产品执行的标准编号；

（五）全成分；

（六）净含量；

（七）使用期限、使用方法以及必要的安全警示；

（八）法律、行政法规和强制性国家标准规定应当标注的其他内容。

（2）《化妆品标签管理办法》

第七条　化妆品中文标签应当至少包括以下内容：

（一）产品中文名称、特殊化妆品注册证书编号；

（二）注册人、备案人的名称、地址，注册人或者备案人为境外企业的，应当同时标注境内责任人的名称、地址；

（三）生产企业的名称、地址，国产化妆品应当同时标注生产企业生产许可证编号；

（四）产品执行的标准编号；

（五）全成分；

（六）净含量；

（七）使用期限；

（八）使用方法；

（九）必要的安全警示用语；

（十）法律、行政法规和强制性国家标准规定应当标注的其他内容。

具有包装盒的产品，还应当同时在直接接触内容物的包装容器上标注产品中文名称和使用期限。

第十七条 化妆品净含量不大于15g或者15mL的小规格包装产品，仅需在销售包装可视面标注产品中文名称、特殊化妆品注册证书编号、注册人或者备案人的名称、净含量、使用期限等信息，其他应当标注的信息可以标注在随附于产品的说明书中。

（3）国家药品监督管理局网站发布的《化妆品监督管理常见问题解答（五）》

问：如何正确标注产品执行的标准编号？

答：根据《条例》《办法》规定，化妆品标签应当标注产品执行的标准编号。要求化妆品标签标注产品执行的标准编号，意在引导化妆品行业推行"一品一标"，运用标准管理的手段推动产品质量提升。化妆品注册人备案人在申报产品注册或进行产品备案时，应当按照《化妆品注册备案管理办法》《化妆品注册备案资料管理规定》要求，编制并提交"产品执行的标准"相关资料。为方便化妆品注册人备案人办理注册备案和产品标签标注，化妆品注册备案平台将产品执行的标准编号设置成与特殊化妆品注册证书编号或者普通化妆品备案编号相一致。特殊化妆品注册证书编号在产品取得注册时获得，普通化妆品备案编号可以通过备案平台进行预置获得。

化妆品注册人备案人应当按照《办法》规定，在产品标签标注正确的产品执行的标准编号。如需在产品标签上标注除产品执行的标准编号以外的国家标准、行业标准或其他相关标准编号的，应当符合相关法律法规要求，内容应当真实、完整、准确。

2. 案例

【案例1】 见图7-21。

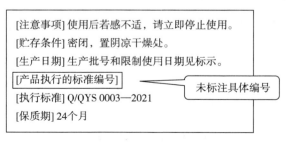

图7-21 标签缺少必须标注的内容案例1

【案例2】见图7-22。

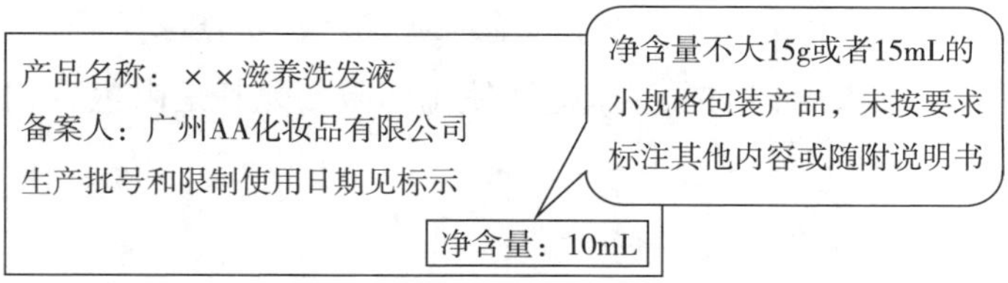

图7-22 标签缺少必须标注的内容案例2

产品标签样稿未上传说明书。

3.解析

【案例1】产品标签仅标注了"产品执行的标准"引导语，未标注具体编号。

【案例2】产品属于净含量不大于15g或者15mL的小规格包装产品，销售包装可视面可只标注产品中文名称、特殊化妆品注册证书编号、注册人或者备案人的名称、净含量、使用期限等信息，但此案例中其他应当标注的信息未标注在随附产品的说明书中。

（二）应明确产品使用期限

1.法规 《化妆品注册备案资料管理规定》第三十条规定"（八）使用期限。应当根据产品包装、产品自身稳定性或者相关实验结果，设定产品的使用期限。"

《化妆品标签管理办法》第七条规定"具有包装盒的产品，还应当同时在直接接触内容物的包装容器上并标注产品中文名称和使用期限"。第十四条规定：

"产品使用期限应当按照下列方式之一在销售包装可视面标注，并以相应的引导语引出：

（一）生产日期和保质期，生产日期应当使用汉字或者阿拉伯数字，以四位数年份、二位数月份和二位数日期的顺序依次进行排列标识；

（二）生产批号和限期使用日期。

具有包装盒的产品，在直接接触内容物的包装容器上标注使用期限时，除可以选择上述方式标注外，还可以采用标注生产批号和开封后使用期限的方式。

销售包装内含有多个独立包装产品时，每个独立包装应当分别标注使用期限，销售包装可视面上的使用期限应当按照其中最早到期的独立包装产品的使用期限标注；也可以分别标注单个独立包装产品的使用期限。"

2.**案例** 备案人上传的标签未标注使用期限，尤其是内包装（图7-23）。

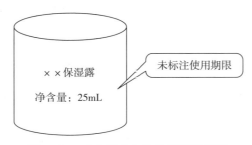

图7-23 内包装未标注使用期限案例

3.**解析** 该案例展示为内包装，直接接触内容物的包装容器上应标注产品中文名称和使用期限，未标注"使用期限"。

（三）应按相关要求标注引导语

1.**法规** 《儿童化妆品监督管理规定》第六条规定"儿童化妆品应当以'注意'或者'警告'作为引导语，在销售包装可视面标注'应当在成人监护下使用'等警示用语"。

《化妆品标签管理办法》第十六条规定，法律、行政法规、部门规章、强制性国家标准、技术规范对适用于儿童等特殊人群化妆品要求标注的相关注意事项的，应当以"注意"或者"警告"作为引导语，在销售包装可视面标注安全警示用语。

2.**案例**（图7-24）

产品标签：清洁完肌肤后，取适量本品涂抹于婴幼儿肌肤所需部位，轻轻打圈按摩更利于吸收。

使用范围：婴幼儿使用。

注意事项：使用请避开眼周，使用期间若有不适请清洗冲净，询问医生或联系我们。

儿童产品未以"注意"或者"警告"作为引导语引出"应当在成人监护下使用"

图7-24 未规范标注儿童产品警示用语案例

3.**解析** 该案例为儿童产品，应在标签中以"注意"或者"警告"作为引导语引出"应当在成人监护下使用"。"注意事项"弱化了警示用语的含义，不得采用"注意""警告"之外的词汇作为引导语引出法律法规有规定的事项。

（四）应按《化妆品安全技术规范》等法规要求标注安全警示用语等

1.法规 《化妆品安全技术规范》（表7-3）

表7-3 化妆品限用组分（表3）序号1

序号	物质名称			限制			标签上必须标印的使用条件和注意事项
	中文名称	英文名称	INCI名称	适用及（或）使用范围	化妆品使用时的最大允许浓度	其他限制和要求	
1	烷基（C_{12}-C_{22}）三甲基铵氯化物[1]	Alkyl（C_{12}-C_{22}）trimethyl ammonium chloride	Alkyl（C_{12}-C_{22}）trimonium chloride	（a）驻留类产品（b）淋洗类产品	（a）0.25%（b）1.十六、十八烷基三甲基氯化铵：2.5%（以单一或其合计）2.二十二烷基三甲基氯化铵：5.0%（以单一或与十六烷基三甲基氯化铵和十八烷基三甲基氯化铵的合计）；且十六、十八烷基三甲基氯化铵烷基三甲基氯化铵个体浓度之和不超过2.5%		

（1）这些物质作为防腐剂使用时，具体要求见防腐剂表4的规定；如果使用目的不是防腐剂，该原料及其功能还必须标注在产品标签上。

2.案例（图7-25）

使用目的不是防腐剂，该原料及其功能未标注在标签上

成分：水、鲸蜡硬脂醇、聚二甲基硅氧烷、姜（ZINGIBER OFFICINALE）根提取物、硬脂基三甲基氯化铵、香精、乙醇、西曲氯铵、山嵛基三甲基铵甲基硫酸盐、甲基羟乙基纤维素、环五聚二甲基硅氧烷、C12-20异链烷烃、鲸蜡醇、1,3-丙二醇、聚二甲基硅氧烷醇、PCA钠、双（羟甲基）咪唑烷基脲。

其他微量成分：丁二醇、蚕丝氨基酸类、月桂醇聚醚-3、碘丙炔醇丁基氨甲酸酯、磷酸氢二钠、聚山梨醇酯-60、CI 19140、磷酸二氢钠、CI 15985。

【使用方法】洗发后，取适量本品均匀涂抹于发丝上轻轻按摩3~5分钟，然后用水冲洗干净即可。

图7-25 未按要求标注原料及其功能案例

配方中含有"硬脂基三甲基氯化铵、西曲氯铵"，使用目的为"发用调理剂"，标签未见有"硬脂基三甲基氯化铵、西曲氯铵"功能的相关标注。

3.解析 硬脂基三甲基氯化铵，化学式：$C_{21}H_{46}ClN$，属于《化妆品安全技术规范》限用组分（表3）中的1号物质烷基（$C_{12}-C_{22}$）三甲基铵氯化物类别中的十八烷基三甲基氯化铵。

西曲氯铵，化学式：$C_{19}H_{42}ClN$，属于《化妆品安全技术规范》限用组分（表3）中的1号物质烷基（$C_{12}-C_{22}$）三甲基铵氯化物类别中的十六烷基三甲基氯化铵。

配方中含有"硬脂基三甲基氯化铵、西曲氯铵"使用目的为"发用调理剂"，标签中应按照《化妆品安全技术规范》要求标注该原料及其功能，如在标签标注：硬脂基三甲基氯化铵、西曲氯铵的使用目的为发用调理剂。

（五）标签内容与备案资料其他相关内容应一致

1.法规 《化妆品标签管理办法》第五条规定"化妆品的最小销售单元应当有标签。标签应当符合相关法律、行攻法规、部门规章、强制性国家标准和技术规范要求，标签内容应当合法、真实、完整、准确，并与产品注册或者备案的相关内容一致。"

《化妆品注册备案资料管理规定》第七条规定"化妆品注册备案资料中，出现的同项内容应当保持前后一致；有相关证明文件的，应当与证明文件中所载内容一致。"

2.案例

【案例1】产品配方项下填报补骨脂酚含量为：0.0005%（图7-26）。

> 帮助提亮肌肤，柔滑肤质，细致毛孔，令肌肤水润细致、更有通透光感。
>
> 产品功效：透气轻薄型膜布，零距离贴合面部肌肤，锁水保湿，润泽透亮。蕴含补骨脂酚、纤连蛋白、冰川矿物水和肌肽等成分，能有效改善面部肌肤干燥、缺水、粗糙等问题，让肌肤持续水润，紧实弹滑，细腻有光泽。
>
> 注：冰川矿物水指的是海水；补骨脂酚原料含量>99%。 ← 易引人误解为配方中原料的含量

图7-26 产品标签与产品配方信息不一致案例1

【案例2】见表7-4。

表7-4 产品标签与产品配方信息不一致案例2

××滋养修护洗发露									
查看含量									
配方名称：		××滋养修护洗发露							
	序号	标准中文名称	INCI名称	原料含量（%）	原料中成分含量（%）	实际成分含量（%）	主要使用目的	原料报送码	备注
☐	10	水	WATER	******	*******	0.03775	防腐剂		
		甲基氯异噻唑啉酮	METHYLCHLOROISOTHIAZOLINONE		*******	0.0005625			
		硝酸镁	MAGNESIUM NITRATE		*******	0.011125			
		氯化镁	MAGNESIUM CHLORIDE		*******	0.000375			
		甲基异噻唑啉酮	METHYLISOTHIAZOLINONE		0.375	0.0001875			

产品标签中其他微量成分：甲基氯异噻唑啉酮、甲基异噻唑啉酮

复配原料其他微量成分标注不全

3.解析

【案例1】产品标签标注"补骨脂酚≥99%"及其解释内容"补骨脂酚原料含量≥99%"和配方中该原料的含量（0.0005%）不一致。另一种常见的情形是产品标签宣称某一成分的含量是以复配原料在配方中的含量误导消费者，如标签宣称"芦荟含量99%"，产品配方中芦荟原料是以复配原料形式填报，其中芦荟提取物含量在复配原料占比1%。

【**案例2**】GB/T 29666—2013《化妆品用防腐剂 甲基氯异噻唑啉酮和甲基异噻唑啉酮与氯化镁及硝酸镁的混合物》范围规定"本标准适用于以甲基氯异噻唑啉酮和甲基异噻唑啉酮作为活性物,以硝酸镁及反应生成的少量氯化镁作为稳定剂的化妆品用防腐剂"。卡松原料中硝酸镁和氯化镁是原料中的稳定剂，但其在原料中的含量较高，一般高于20%，远高于原料中的活性成分，不符合国家药监局《化妆品监督管理常见问题解答（五）》中豁免标注的要求，且《已使用化妆品原料目录（2021年版）》中该原料的中文名称包括硝酸镁和氯化镁，因此，为保障消费者知情权，该原料中的硝酸镁和氯化镁宜在标签中进行标注。

（六）中文标签应使用规范汉字

1.法规

（1）《化妆品标签管理办法》

第六条 化妆品应当有中文标签。中文标签应当使用规范汉字，使用其他文字或者符号的，应当在产品销售包装可视面使用规范汉字对应解释说明，网址、境外企业的名称和地址以及约定俗成的专业术语等必须使用其他文字的除外。

加贴中文标签的，中文标签有关产品安全、功效宣称的内容应当与原标签相关内容对应一致。

除注册商标之外，中文标签同一可视面上其他文字字体的字号应当小于或者等于相应的规范汉字字体的字号。

（2）国家药品监督管理局网站发布的《化妆品监督管理常见问题解答（五）》

问：在我国上市销售的化妆品为何必须有中文标签？中文标签标注使用的文字有何具体要求？

答：化妆品标签是用以辨识说明产品基本信息、属性特征和安全警示的主要途径，是消费者选购产品的关键因素。为保障消费者的知情权和选择权，便于消费者正确使用化妆品并知晓相关注意事项，《化妆品监督管理条例》（以下简称《条例》)和《化妆品标签管理办法》（以下简称《办法》)要求在中国上市销售的化妆品必须有中文标签。化妆品中文标签应当使用规范汉字，中文标签使用规范汉字以外的其他文字或者符号的，应当在产品同一可视面使用规范汉字进行解释说明，网址、境外企业的名称和地址以及约定俗成的专业术语等必须使用其他文字的除外。产品中文名称中的注册商标使用字母、汉语拼音、数字、符号等的，应当在同一可视面对其含义予以解释说明。除注册商标之外，中文标签同一可视面上其他文字字体的字号应当小于或者等于相应的规范汉字字体的字号。在外文原包装上加贴中文标签的，其中文标签的标注应当符合上述要求。

2.案例（图7-27）

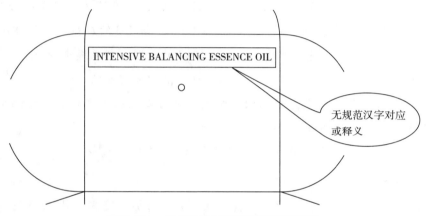

图7-27　中文标签未使用规范汉字案例

3.解析　产品标签中外文"INTENSIVE BALANCING ESSENCE OIL"未在同一可视面进行中文对应或解释。

（七）宣称涉及特定宣称内容，应按要求勾选特定宣称

1.法规　《化妆品标签管理办法》第八条规定：

"化妆品产品中文名称一般由商标名、通用名和属性名三部分组成，约定俗成、习惯使用的化妆品名称可以省略通用名或者属性名，商标名、通用名和属性名应当符合下列规定要求：

……

（二）通用名应当准确、客观，可以是表明产品原料或者描述产品用途、使用部位等的文字。使用具体原料名称或者表明原料类别的词汇的，应当与产品配方成分相符，且该原料在产品中产生的功效作用应当与产品功效宣称

相符。使用动物、植物或者矿物等名称描述产品的香型、颜色或者形状的，配方中可以不含此原料，命名时可以在通用名中采用动物、植物或者矿物等名称加香型、颜色或者形状的形式，也可以在属性名后加以注明。"

> ## 化妆品名称中的通用名使用具体原料名称或者表明原料类别的词汇的，有何要求？
>
> 《办法》规定使用具体原料名称或者表明原料类别的词汇的，应当与产品配方成分相符，且该原料在产品中产生的功效作用应当与产品功效宣称相符，如产品名称为"某某氨基酸面膜"，产品功效宣称为抗皱，则产品配方中应包含氨基酸，并且氨基酸的使用目的应当与抗皱相关。使用动物、植物或者矿物等名称描述产品的香型、颜色或者形状的，配方中可以不含此原料，命名时可以在通用名中采用动物、植物或者矿物等名称加香型、颜色或者形状的形式，也可以在属性名后加后缀注明，如黄瓜味洗面奶或者洗面奶（黄瓜味）。
>
> 信息来源：中国食品药品检定研究院官网 化妆品审评常见问题解答

2.案例

【案例1】产品功效：该产品含有保湿原料透明质酸钠，保湿舒缓，温和无刺激，敏感肌肤人群也可以放心使用（图7-28）。

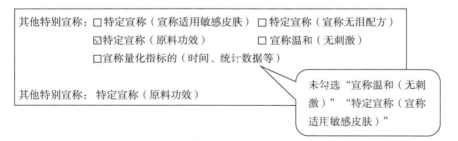

图7-28 未按要求勾选特定宣称案例1

【案例2】产品名称：×××氨基酸抗皱面膜（图7-29）。

其他特别宣称：□特定宣称（宣称适用敏感皮肤）☑特定宣称（宣称无泪配方）
□特定宣称（原料功效）　　□宣称温和（无刺激）
□宣称量化指标的（时间、统计数据等）

其他特别宣称：

> 产品名称通用名中有原料名称"氨基酸"，未勾选"特定宣称（原料功效）"

图7-29　未按要求勾选特定宣称案例2

3.解析

【案例1】宣称"温和无刺激，敏感肌肤人群也可以放心使用"，未勾选"宣称温和（无刺激）""特定宣称（宣称适用敏感皮肤）"。

【案例2】产品名称通用名中有原料名称"氨基酸"，则产品配方中应包含氨基酸，并且氨基酸的使用目的应当与抗皱相关，也应勾选"特定宣称（原料功效）"。

（八）化妆品成分名称应规范、成分应按照配方含量的降序列出

1.法规

（1）《化妆品标签管理办法》第五条规定"化妆品的最小销售单元应当有标签。标签应当符合相关法律、行政法规、部门规章、强制性国家标准和技术规范要求，标签内容应当合法、真实、完整、准确，并与产品注册或者备案的相关内容一致"。第七条规定"化妆品中文标签应当至少包括以下内容：……（五）全成分"。

（2）《化妆品注册备案资料管理规定》第七条规定"化妆品注册备案资料中，出现的同项内容应当保持前后一致；有相关证明文件的，应当与证明文件中所载内容一致。"

2.案例

【案例1】备案系统内填报的产品标签样稿——全成分标识中"0.1%（w/w）以上成分：杜仲（EUCOMMIA ULMOIDES）提取物、过山龙（VERNONIA CUMINGIANA）提取物、绞股蓝（GYNOSTEMMA PENTAPHYLLUM）提取物、刺五加（ACANTHOPANAX SENTICOSUS）根提取物、石松（LYCOPODIUM JAPONICUM）提取物、光果甘草（GLYCYRRHIZA GLABRA）根粉、何首乌（POLYGONUM MULTIFLORUM）藤茎提取物、鸡血藤（SPATHOLOBUS SUBERECTUS）提取物、当归（ANGELICA SINENSIS）根粉、艾（ARTEMISIA

ARGYI）叶提取物、香茅（CYMBOPOGON CITRATUS）提取物。"

产品标签中标注"成分：当归、鸡血藤、石松、刺五加、光果甘草、过山龙、杜仲藤、何首乌绞股蓝、香茅、艾叶。"

【案例2】备案系统内填报的产品配方成分："杜仲（EUCOMMIA ULMOIDES）提取物（3.5%）、过山龙（VERNONIA CUMINGIANA）提取物（3.0%）、绞股蓝（GYNOSTEMMA PENTAPHYLLUM）提取物（2.5%）、刺五加（ACANTHOPANAX SENTICOSUS）根提取物（2.0%）、石松（LYCOPODIUM JAPONICUM）提取物（1.5%）、光果甘草（GLYCYRRHIZA GLABRA）根粉（1.2%）……"

产品标签标注成分：杜仲（EUCOMMIA ULMOIDES）提取物、过山龙（VERNONIA CUMINGIANA）提取物、光果甘草（GLYCYRRHIZA GLABRA）根粉、绞股蓝（GYNOSTEMMA PENTAPHYLLUM）提取物、刺五加（ACANTHOPANAX SENTICOSUS）根提取物、石松（LYCOPODIUM JAPONICUM）提取物……"

3.解析

【案例1】销售包装标注成分内容与标签样稿中原料不一致，如标签样稿为"石松（LYCOPODIUMJAPONICUM）提取物、何首乌（POLYGONUM MULTIFLORUM）藤茎提取物、鸡血藤（SPATHOLOBUS SUBERECTUS）提取物、当归（ANGELICA SINENSIS）根粉……，上传的销售标签为"当归、鸡血藤、石松、何首乌……"。

【案例2】光果甘草（GLYCYRRHIZA GLABRA）根粉配方含量为1.2%，排序位于配方含量更高的绞股蓝（GYNOSTEMMA PENTAPHYLLUM）提取物、刺五加（ACANTHOPANAX SENTICOSUS）根提取物、石松（LYCOPODIUM JAPONICUM）提取物等成分前面，未按降序排列。

（九）应按照《化妆品标签管理办法》规定使用引导语

1.法规 《化妆品标签管理办法》第九条规定"产品中文名称应当在销售包装可视面显著位置标注，且至少有一处以引导语引出"。第二十条规定"化妆品标签存在下列情形，但不影响产品质量安全且不会对消费者造成误导的，由负责药品监督管理的部门依照《化妆品监督管理条例》第六十一条第二款规定处理：……（五）未按照本办法规定使用引导语的"。

第二十二条规定"本办法所称最小销售单元等名词术语的含义如下：引导语：用以引出标注内容的用语，如"产品名称""净含量"等。

2.案例（图7-30）

保××

护肤植物精油

> 产品中文名称未以引导语引出

【成分】甜扁桃（PRUNUS AMYGDALUS DULCIS）油、薄荷脑、水杨酸甲酯、柠檬（CITRUS LIMON）果皮油、薄荷（MENTHA ARVENSIS）叶油、互生叶白千层（MELALEUCA ALTERNIFOLIA）叶油、肉桂（CINNAMOMUM CASSIA）提取物、茉莉花（JASMINUM SAMBAC）提取物

【使用方法】取适量产品直接涂抹于身体肌肤。

【注意事项】1、本品仅供外用，不得内服。

2、请将此产品放在儿童不能接触的地方。

【净含量】每瓶装20mL

【贮藏】密闭、明凉处

【保质期】三年（详见说明书）

图7-30 未按规定使用引导语案例

3.解析 该案例中未见产品名称相关引导语，一般使用"产品名称""产品中文名称"引出。

常见需要标注引导语的情形如下。

（1）注册人、备案人、境内责任人和生产企业的名称和地址，应当标注产品注册证书或者备案信息载明的企业名称和地址，分别以相应的引导语引出。化妆品注册人或者备案人与生产企业相同时，可使用"注册人/生产企业"或者"备案人/生产企业"作为引导语，进行简化标注。

（2）生产企业为境内的，还应当在企业名称和地址之后标注化妆品生产许可证编号，以相应的引导语引出。

（3）化妆品标签应当在销售包装可视面标注产品执行的标准编号，以相应的引导语引出。

（4）化妆品标签应当在销售包装可视面标注化妆品全部成分的原料标准中文名称，以"成分"作为引导语引出，并按照各成分在产品配方中含量的降序列出。

（5）产品使用期限应当按照下列方式之一在销售包装可视面标注，并以相应的引导语引出生产日期和保质期，生产日期应当使用汉字或者阿拉伯数字，以四位数年份、二位数月份和二位数日期的顺序依次进行排列标识；生产批号和限期使用日期。

（6）存在下列情形之一的，应当以"注意"或者"警告"作为引导语，

在销售包装可视面标注安全警示用语：①法律、行政法规、部门规章、强制性国家标准、技术规范对化妆品限用组分、准用组分有警示用语和安全事项相关标注要求的；②法律、行政法规、部门规章、强制性国家标准、技术规范对适用于儿童等特殊人群化妆品要求标注的相关注意事项的；③法律、行政法规、部门规章、强制性国家标准、技术规范规定其他应当标注安全警示用语、注意事项的。

（十）销售包装平面图展示面应齐全

1.法规　《化妆品注册备案资料管理规定》第三十二条规定：

"普通化妆品办理备案时、特殊化妆品上市前，注册人、备案人或者境内责任人应当上传产品销售包装的标签图片，图片应当符合以下要求：

（一）图片包括全部包装可视面的平面图和可体现产品外观的立体展示图，图片应当完整、清晰。平面图应当容易辨别所有标注内容；无法清晰显示所有标注内容的，还应当提交局部放大图或者产品包装设计图。"

2.案例　××护肤啫喱，为圆柱形包装，仅提供了顶面、底面、一张侧面图片，侧面内容显示不全，未见其他说明及标注。

3.解析　该产品为圆柱形包装，仅提供了顶面、底面、一个侧面的图片，可视面不全。一般情况，多面盒装产品提供展开图；圆柱形包装提供顶面、底面、侧面（多张、确保展示所有面）；异形包装，依据实际情况提供所有可视面图片。

（十一）标签中的信息与备案平台内填报的信息应一致

1.法规

（1）《化妆品注册备案资料管理规定》

第七条　化妆品注册备案资料中，出现的同项内容应当保持前后一致；有相关证明文件的，应当与证明文件中所载内容一致。

（2）国家药品监督管理局网站发布的《化妆品监督管理常见问题解答（五）》

问：如何正确标注产品执行的标准编号？

答：根据《条例》《办法》规定，化妆品标签应当标注产品执行的标准编号。要求化妆品标签标注产品执行的标准编号，意在引导化妆品行业推行"一品一标"，运用标准管理的手段推动产品质量提升。化妆品注册人备案人在申报产品注册或进行产品备案时，应当按照《化妆品注册备案管理办法》

《化妆品注册备案资料管理规定》要求，编制并提交"产品执行的标准"相关资料。为方便化妆品注册人备案人办理注册备案和产品标签标注，化妆品注册备案平台将产品执行的标准编号设置成与特殊化妆品注册证书编号或者普通化妆品备案编号相一致。特殊化妆品注册证书编号在产品取得注册时获得，普通化妆品备案编号可以通过备案平台进行预置获得。

化妆品注册人备案人应当按照《办法》规定，在产品标签标注正确的产品执行的标准编号。如需在产品标签上标注除产品执行的标准编号以外的国家标准、行业标准或其他相关标准编号的，应当符合相关法律法规要求，内容应当真实、完整、准确。

2.案例（图7-31）

备案系统中填报的信息

产品执行的标准编号：某G妆网备字20220016××

备案人地址：宏业东路×号院×号楼1层101-108

生产许可证编号：某妆201600××

产品标签

地址：××市××大道2号

化妆品生产许可证编号：某妆201600××

产品执行的标准编号：某G妆网备字20220033××

执行标准：GB/T29665（O/W）

图7-31 产品标签与备案系统填报信息不一致案例

3.解析 化妆品注册备案平台将产品执行的标准编号设置成与普通化妆品备案编号相一致，普通化妆品备案编号可以通过备案平台进行预置获得。标签中标注的"产品执行的标准编号"应与备案平台中的信息一致。

（十二）产品标签样稿中安全警示语与安全评估资料中应一致

1.法规

（1）《化妆品注册备案资料管理规定》

第七条 化妆品注册备案资料中，出现的同项内容应当保持前后一致；

有相关证明文件的，应当与证明文件中所载内容一致。

第三十一条　注册人、备案人或者境内责任人应当逐项填写《产品标签样稿》（附17），填写的使用方法、安全警示用语、贮存条件、使用期限等内容应当符合产品执行的标准。

第三十二条　普通化妆品办理备案时、特殊化妆品上市前，注册人、备案人或者境内责任人应当上传产品销售包装的标签图片，图片应当符合以下要求：

……

（三）上传图片的标签内容和说明书内容不得超出产品标签样稿载明的内容。

（2）《化妆品安全评估技术导则》

8.2　化妆品产品的安全评估报告

化妆品产品的安全评估报告通常包括摘要、产品简介、产品配方、配方设计原则（仅针对儿童化妆品）、配方中各成分的安全评估、可能存在的风险物质评估、风险控制措施或建议、安全评估结论、安全评估人员签名及简历、参考文献和附录等内容。

参考格式详见附录2，化妆品产品安全评估报告（完整版）示例见附录3，化妆品产品安全评估报告（简化版）示例见附录4。

2.案例（图7-32）

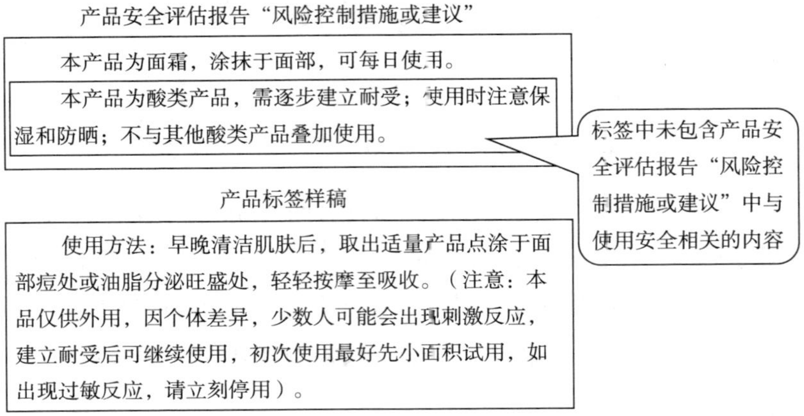

图7-32　安全评估报告与标签样稿安全警示语不一致案例

3.**解析**　产品经安全评估后得出的风险控制措施或建议中"本品含水枸酸，三岁以下儿童勿用；避免接触眼睛，若出现皮肤不适，请立即停止使用。"，该事项涉及产品的使用安全，应当标注于产品标签中，确保使用安全。该案例中，产品标签样稿中未包含相关内容。

注：产品标签样稿中"安全警示语"应包含产品安全评估报告"风险控制措施或建议"，此处是指与使用安全相关的用语。

十、净含量标识要求

（一）化妆品中文标签应标识净含量

1.**法规**　《化妆品注册备案资料管理规定》

第七条　化妆品中文标签应当至少包括以下内容：

（一）产品中文名称、特殊化妆品注册证书编号；

（二）注册人、备案人的名称、地址，注册人或者备案人为境外企业的，应当同时标注境内责任人的名称、地址；

（三）生产企业的名称、地址，国产化妆品应当同时标注生产企业生产许可证编号；

（四）产品执行的标准编号；

（五）全成分；

（六）净含量；

（七）使用期限；

（八）使用方法；

（九）必要的安全警示用语；

（十）法律、行政法规和强制性国家标准规定应当标注的其他内容。

具有包装盒的产品，还应当同时在直接接触内容物的包装容器上标注产品中文名称和使用期限。

2.**案例**　化妆品赠品未标注净含量，或以组合形式销售的产品仅标注部分单品的净含量。

3.**解析**　依据《化妆品注册备案资料管理规定》第七条规定，净含量是化妆品中文标签应当标注的内容之一，无论是销售的单品、套装产品，还是赠品，均应按照规定标识净含量。

（二）净含量计量单位的标识要求

1. 法规　《化妆品注册备案资料管理规定》

第六条　化妆品注册备案资料中应当使用我国法定计量单位，使用其他计量单位时，应当折算为我国法定计量单位；应当准确引用参考文献，标明出处，确保有效溯源；应当规范使用标点符号、图表、术语等，保证资料内容准确规范。

2. 案例

【案例1】进口化妆品中文标签净含量后标注的计量单位为"OZ."。

【案例2】中文标签净含量后标注的计量单位为"磅"。

3. 解析　化妆品注册备案资料中应当使用我国法定计量单位（如g、mL、L），使用其他计量单位（如OZ.、公分、斤、英寸）时，应当折算为我国法定计量单位。

（三）净含量应在显著位置标注

1. 法规　《化妆品标签管理办法》

第十三条　化妆品的净含量应当使用国家法定计量单位表示，并在销售包装展示面标注。

2. 案例

【案例1】净含量标识在销售包装底面。

【案例2】净含量仅标识在产品说明书上，不易被消费者观察到。

3. 解析　依据《化妆品标签管理办法》第十三条规定，净含量应在销售包装展示面标注。展示面指的是化妆品在陈列时，除底面外能被消费者看到的任何面，即净含量标识位置应为销售包装显著位置，不包括销售包装底面等不易被消费者看到之处。

（四）净含量的内容应规范

1. 法规　《定量包装商品计量监督管理办法》

第五条　定量包装商品的生产者、销售者应当在其商品包装的显著位置正确、清晰地标注定量包装商品的净含量。

净含量的标注由"净含量"（中文）、数字和法定计量单位（或者用中文表示的计数单位）三个部分组成。法定计量单位的选择应当符合本办法附件1的规定。

以长度、面积、计数单位标注净含量的定量包装商品，可以免于标注"净含量"三个中文字，只标注数字和法定计量单位（或者用中文表示的计数单位）。

2.**案例**

【**案例1**】净含量的引导语标识为"净重""毛重""容量"等。

【**案例2**】浸液式纤维面膜的净含量标识为5片，未完整标识具体每片含量信息。

3.**解析**　依据《定量包装商品计量监督管理办法》第五条规定，净含量的标注方式为：以"净含量"做为引导语，后附数字和法定计量单位（或者用中文表示的计数单位）。浸液式的纤维贴膜产品可使用计量单位及计数单位来表示其净含量，例如：净含量10g×5片、净含量10mL×5片。已成型的贴膜产品可使用计数单位标注其净含量，例如：5片、5张、5个、5对。以长度、面积、计数单位标注净含量的化妆品，可以免于标注"净含量"三个中文字，只标注数字和法定计量单位（或者用中文表示的计数单位）。

十一、创新用语标注要求

1.**法规**　《化妆品标签管理办法》

第十八条　化妆品标签中使用尚未被行业广泛使用导致消费者不易理解，但不属于禁止标注内容的创新用语的，应当在相邻位置对其含义进行解释说明。

2.**案例**

标签宣称"反孔净澈　吸附油脂"。

3.**解析**　标签中标注的"反孔"属不易理解词汇，但该词汇本身不会引人误解，不属于禁止标注内容，应当在相邻位置对其含义进行解释说明。

十二、宣称超出化妆品范畴的情形

1.**法规**　《化妆品监督管理条例》

第三条　本条例所称化妆品，是指以涂擦、喷洒或者其他类似方法，施用于皮肤、毛发、指甲、口唇等人体表面，以清洁、保护、美化、修饰为目的的日用化学工业产品。

2.案例（图7-33）

使用方法：均匀用力，垂直按压微晶贴1~2分钟，产生轻微刺感，属正常现象（微晶晶体由玻尿酸固化结晶技术制备而成，微米级固态晶体与皮肤接触后，会产生轻微刺感）。

产品宣称：深入真皮层，促进吸收。包裹多种精华成分，直达肌肤底层后溶解，加倍改善眼周肌肤问题。无恢复期、无创伤、无感染。与传统水光针相比，微晶眼贴无创面、无结痂修复期，更安全，价格更亲民。

综合判断，该产品超出化妆品定义

图7-33 宣称超出化妆品范畴的案例

3.解析 使用方法"均匀用力，垂直按压微晶贴1~2分钟，产生轻微刺感，属正常现象"，图片中贴膜表面有规则排列的针尖大小的点状略凸起结构，在垂直按压时不能确保产品仅仅施用于人体皮肤表面，不符合《化妆品监督管理条例》关于化妆品的定义。同时产品宣称"深入真皮层""直达肌肤底层后溶解"进一步佐证产品使用时会刺破皮肤表面，超出了化妆品的定义范畴。

小结

本章从虚假宣称、医疗宣称、儿童化妆品标志及警示用语、必须标注的内容、功效宣称、特定宣称、与其他资料的一致性等方面对常见问题进行了阐述，对典型问题情形进行了归纳梳理，为指导规范化妆品标签宣称提供参考。

第八章 产品检验报告

☞ **引言**

产品检验报告包括微生物与理化检验、毒理学试验、人体安全性试验报告和人体功效试验报告等，是产品符合质量安全要求的重要证明资料，应当符合《化妆品安全技术规范》《化妆品注册和备案检验工作规范》等相关法规的规定，产品检验合格是产品上市销售的必要条件。完整、规范、准确地进行产品检验并科学合理合规出具产品检验报告，是保证产品质量安全的前提条件。

一、检验报告要素应符合法规要求

（一）应按《化妆品注册和备案检验工作规范》要求提供完整、清晰的检验报告

1.法规 《化妆品注册和备案检验工作规范》

第三条 化妆品企业应当依照法规、强制性国家标准、规范的要求，选择具备相应检验能力的检验检测机构，对申报注册或提交备案的化妆品进行检验，并对其提供的检验样品和有关资料的真实性、完整性负责。

2.案例 检验报告要素内容不完整、检验报告缺页、检验报告打印不清晰等（图8-1）。

3.解析 普通化妆品检验报告目前包括微生物、理化、毒理学、人体安全性等基本项目。微生物检验结果反映的是产品的卫生情况；理化检验项目反映的主要是产品中所含外源性安全性风险物质的情况；毒理学试验和人体安全性试验项目的结果反映的是产品整体的安全性。可见产品检验报告是企业向监管部门提交的一份产品"体检健康报告"，用于佐证产品的安全性。案例中产品为"补水精华液"的国产普通化妆品，一般情况下产品检验报告至少包括微生物检验和理化检验项目，案例中结果汇总只有微生物检验项目，无理化检验项目。

检验受理编号：	GF00××20220X001		第1页 / 共3页
样品中文名称	××补水精华液	样品数量及规格	120mL
进口产品外文名称	/	生产日期或批号	AB001
颜色和物态	无色透明液体	保质期或限期使用日期	20231230
受理日期	2022年3月1日	检验完成日期	2022年3月9日
检验项目	化妆品安全性评价		
检验依据	《化妆品安全技术规范》（2015年版）		
送检单位	A化妆品有限公司		
地　　址	××市××区××路五街5号		
生产企业	B化妆品有限公司		
地　　址	××市××区××路八街8号		
境内责任人			
地　　址			
结果汇总：

　　根据《化妆品安全技术规范》（2015年版）（现行有效的技术规范）对送检样品进行安全性检验，结果如下：

　　（一）微生物检验：菌落总数、霉菌和酵母菌总数、耐热大肠菌群、金黄色葡萄球菌、铜绿假单胞菌检验结果均符合《化妆品安全技术规范》（2015版）对微生物指标的要求。

检验结果缺少理化检验项目

（本页以下空白） | | | |
| 授权签字人 | AAA（签字） | 2022年3月9日 | 检验检测专用章 |

图8-1　××补水精华液检验报告

（二）《〈化妆品注册和备案检验工作规范〉要求的检验项目的产品检验报告应由化妆品注册和备案检验检测机构出具

1.法规　《化妆品注册和备案检验工作规范》第九条规定"化妆品企业可以通过检验信息系统查询检验检测机构相关信息，自主选择具备相应检验能力的检验检测机构开展化妆品注册和备案检验"。

2.案例

产品名称：××香氛洗发水

检测机构：A技术服务公司

检验报告受理编号：WT20221221（图8-2）

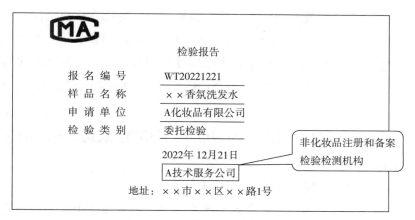

图8-2 ××香氛洗发水检验报告

3.解析 根据《中华人民共和国计量法》规定，为社会提供公证数据的产品质量检验机构，必须经省级以上人民政府计量行政部门对其计量检定、测试的能力和可靠性考核合格。因此，承担化妆品注册和备案检验的机构，必须取得中国计量认证，即化妆品检验检测机构资质认定（CMA），且取得资质认定的能力范围能够满足化妆品注册和备案检验工作需要（尚未纳入CMA认定范围的检验项目除外）。普通化妆品备案检测报告，应由化妆品注册和备案检验检测机构出具的才被认可。化妆品注册和备案检验检测机构可在国家药品监督管理局化妆品注册和备案检验信息管理系统查询。

根据《关于优化普通化妆品备案检验管理措施有关事宜的公告（2023年第13号）》，自公告发布之日起，普通化妆品采用检验方式作为质量控制措施且生产环节已纳入省级药品监督管理部门的日常监管范围，产品安全风险评估结果能够充分确认产品安全性的，备案人在进行产品备案时，可提交由化妆品备案人或受托生产企业按照《化妆品安全技术规范》相关要求开展自检并出具的检验报告。

因此《化妆品注册和备案检验工作规范》要求的检验项目的产品检验报告应该由化妆品注册和备案检验检测机构出具，当符合优化普通化妆品备案检验管理措施条件的，也可由化妆品备案人或受托生产企业按照化妆品技术规范相关要求开展自检并出具的检验报告，检验报告右上角应有化妆品注册和备案检验检测机构序列号。

案例中A技术服务公司在国家药品监督管理局化妆品注册和备案检验检测机构查询无该注册备案检测机构，报告首页未加盖注册备案检测机构的公章。普通化妆品备案检验报告非自检检验报告方式的应在化妆品注册和备案检验信息管理系统申请受理和出具，上传的检验报告编号应与化妆品注册和备案检验信息管理系统受理通知书中的受理编号一致。一般国产普通化妆品检验报告受理编号为"GF"开头的编号，而案例中检验报告受理编号为WT20221221。

（三）同一产品的备案检验项目应由同一检验检测机构完成并出具报告

1.法规

（1）《化妆品注册和备案检验工作规范》

第十条 同一产品的注册或备案检验项目，一般应当由同一检验检测机构独立完成并出具检验报告。

（2）《关于优化普通化妆品备案检验管理措施有关事宜的公告（2023年第13号）》

一、自本公告发布之日[1]起，普通化妆品采用检验方式作为质量控制措施且生产环节已纳入省级药品监督管理部门的日常监管范围，产品安全风险评估结果能够充分确认产品安全性的，备案人在进行产品备案时，可提交由化妆品备案人或受托生产企业按照化妆品技术规范相关要求开展自检并出具的检验报告。

2.案例

产品名称：××植粹精华乳（图8-3）

检验报告附件汇总					
检验报告：	GF01××20235879××				
	□自检检验报告				
	☑ 第三方检验报告				
文件名	附件类型	大小	时间	检验单位	操作
九项报告	第三方检验报告	435.75KB	2023-10-09	A检测有限公司	查看|下载
二噁烷报告	第三方检验报告	235.75KB	2023-10-09	B检测有限公司	查看|下载

微生物、理化检验项目和二噁烷检验项目应由同一检验机构完成

图8-3 ××植粹精华乳检验报告附件汇总页面

---

[1] 发布时间为2023年1月18日。

微生物项目（菌落总数、霉菌和酵母菌总数、耐热大肠菌群、金黄色葡萄球菌、铜绿假单胞菌）+理化项目（汞、铅、砷、镉）检测机构：A检测有限公司（图8-4）

A检测有限公司
检验报告

检验受理编号： GF01××20235879××	第1页/共3页

样 品 中 文 名 称	××紧致霜	样 品 数 量 及 规 格	50mL
进口产品外文名称	/	生 产 日 期 或 批 号	AB002
颜 色 和 物 态	白色乳状	保质期或限期使用日期	20231230
受 理 日 期	2023年3月1日	检 验 完 成 期	2023年3月9日
检 验 项 目	化妆品安全性评价		
检 验 依 据	《化妆品安全技术规范》（2015年版）		
送 检 单 位	A化妆品有限公司		
地 址	XX市XX区XX路五街5号		
生 产 企 业	B化妆品有限公司		
地 址	××市××区××路八街8号		
境 内 责 任 人	/		
地 址	/		

结果汇总：

根据《化妆品安全技术规范》（2015年版）（现行有效的技术规范）对送检样品进行安全性检验，结果如下：

（一）微生物检验：菌落总数，霉菌和酵母菌总数，耐热大肠菌群，金黄色葡萄球菌，铜绿假单胞菌检验结果均符合《化妆品安全技术规范》（2015版）对微生物指标的要求。

（二）理化检验：汞，铅，砷，镉检验结果均符合《化妆品安全技术规范》（2015版）

（本页以下空白）

授权签字人	AAA（签字）	2023年3月9日	检验检测专用章

图8-4 ××植粹精华乳A检测有限公司检验报告

理化项目（二噁烷）检测机构：B检测有限公司（图8-5）

<table>
<tr><td colspan="4" align="center">B检测有限公司
检验报告</td></tr>
<tr><td colspan="2">检验受理编号： GF01××20235879××</td><td colspan="2">第 1 页 / 共 3 页</td></tr>
<tr><td>样 品 中 文 名 称</td><td>××紧致霜</td><td>样 品 数 量 及 规 格</td><td>50mL</td></tr>
<tr><td>进口产品外文名称</td><td>/</td><td>生 产 日 期 或 批 号</td><td>AB002</td></tr>
<tr><td>颜 色 和 物 态</td><td>白色乳状</td><td>保质期或限期使用日期</td><td>20231230</td></tr>
<tr><td>受 理 日 期</td><td>2023年3月1日</td><td>检 验 完 成 日 期</td><td>2023年3月9日</td></tr>
<tr><td>检 验 项 目</td><td colspan="3">化妆品安全性评价</td></tr>
<tr><td>检 验 依 据</td><td colspan="3">《化妆品安全技术规范》（2015年版）</td></tr>
<tr><td>送 检 单 位</td><td colspan="3">A化妆品有限公司</td></tr>
<tr><td>地 址</td><td colspan="3">××市××区××路五街5号</td></tr>
<tr><td>生 产 企 业</td><td colspan="3">B化妆品有限公司</td></tr>
<tr><td>地 址</td><td colspan="3">××市××区××路八街8号</td></tr>
<tr><td>境 内 责 任 人</td><td colspan="3">/</td></tr>
<tr><td>地 址</td><td colspan="3">/</td></tr>
<tr><td colspan="4">结果汇总：
根据《化妆品安全技术规范》（2015年版）（现行有效的技术规范）对送检样品进行安全性检验，结果如下：
　　（一）理化检验：二噁烷检验结果均符合要求
　　　　（本页以下空白）</td></tr>
<tr><td colspan="4">授 权 签 字 人 　×××（签字）　2023年3月9日　　检验检测专用章</td></tr>
</table>

图8-5　××植粹精华乳B检测有限公司检验报告

3.解析　为确保检验结果的科学性和可靠性，《化妆品注册和备案检验工作规范》要求检验检测机构应当独立完成化妆品注册和备案检验任务，不得将其承担的检验任务以部分或全部委托的方式，转包其他机构开展。同时要求检验检测机构建立并有效运行质量管理体系，规范化妆品注册和备案检验工作流程和业务文书，保证检验检测机构的人员资质能力、仪器设备和环境设施条件持续符合注册和备案检验工作要求。

备案人应在产品研发时，对备案的产品进行审核、分析和评估，根据产品类型、配方、原料等，来确定所需要检测的项目，包括常规微生物检验项目、理化检验项目、毒理检验项目、人体安全性检验项目和人体功效评价检验项目等，在首次送检时选择具备所需检验项目的全项注册备案检验机构。

委托检验机构完成的，同一产品的注册或备案检验项目，一般应当由同一检验检测机构独立完成并出具检验报告。涉及人体安全性和功效评价检验的，或者检验检测机构的资质认定（CMA）能力范围中不包括石棉项目的，化妆品企业可以同时另行选择其他取得检验检测资质认定（CMA）并具备相应检验能力的检验检测机构完成。

存在自检项目的，根据《关于优化普通化妆品备案检验管理措施有关事宜的公告（2023年第13号）》及《化妆品监督管理问题解答（六）》，以自检方式开展备案检验的备案人或者受托生产企业能够完成的自检项目尚未涵盖法规规定的全部备案检验项目的，可仅对能够完成的检验项目开展自检并出具相应项目的自检报告；其他暂无能力开展的检验项目，可按照《化妆品注册和备案检验工作规范》另行委托符合要求的检验机构完成并出具检验报告。

（四）婴幼儿和儿童产品或使用尚在安全监测期中新原料的产品未提交毒理学试验报告

1.法规 《化妆品注册备案资料管理规定》第三十三条规定：

"（二）普通化妆品的生产企业已取得所在国（地区）政府主管部门出具的生产质量管理体系相关资质认证，且产品安全风险评估结果能够充分确认产品安全性的，可免于提交该产品的毒理学试验报告，有下列情形的除外：

1.产品宣称婴幼儿和儿童使用的；

2.产品使用尚在安全监测中化妆品新原料的；

3.根据量化分级评分结果，备案人、境内责任人、生产企业被列为重点监管对象的。

有多个生产企业生产的，所有生产企业均已取得所在国（地区）政府主管部门出具的生产质量管理体系相关资质认证的，方可免于提交毒理学试验报告。"

2.案例 婴幼儿、儿童产品和使用尚在安全监测期中新原料的产品，产品检验报告只提交了微生物项目和理化项目。

3.解析 我国化妆品监管实施分类管理和风险管理，对特殊化妆品和普通化妆品分别实行注册和备案制度，根据《化妆品注册备案资料管理规定》要求，注册备案提交的产品检验报告中应包含微生物与理化检验、毒理学试验、人体安全性试验报告和人体功效试验报告。

同时考虑普通化妆品风险程度较低，为进一步深化"放管服"改革，落实企业主体责任，对备案检验提出一系列优化措施。对普通化妆品生产企业已取得所在国（地区）政府主管部门出具的生产质量管理体系相关资质认证，且产品安全风险评估结果能够充分确认产品安全性的，可免于提交该产品的毒理学试验报告。有多个生产企业生产的，应当提交所有生产企业所在国（地区）政府主管部门出具的质量管理体系或者良好生产规范的资质证书或者证明文件，方可免于提交毒理学试验报告。

但对风险程度较高的儿童产品、使用尚在安全监测中化妆品新原料的产品以及备案人、境内责任人、生产企业被列为重点监管对象的产品，基于产品质量安全和保障消费者用妆权益，对以上产品实施从严管理，要求提供毒理学试验报告。

二、检验报告送检应符合法规要求

（一）产品检验报告的受检样品应当为同一产品名称、同一批号的产品

1.法规 《化妆品注册备案资料管理规定》第三十三条规定：

"（一）产品检验报告包括微生物与理化检验、毒理学试验、人体安全性试验报告和人体功效试验报告等。

1.产品检验报告的受检样品应当为同一产品名称、同一批号的产品。"

2.案例

产品名称：××持妆气垫霜

备案人：A化妆品有限公司

生产企业：B化妆品有限公司

微生物和理化检验报告的生产日期或批号：PH20231025

毒理学试验检验报告的生产日期或批号：PH20231125

3.解析 《化妆品注册和备案检验工作规范》第十二条要求，首家检验检测机构负责对需送往其他检验检测机构或产品注册时需要提交的同一产品名称、同一批号的样品进行封样，封样应由检验检测机构和化妆品企业共同确认，封条应经双方签字并加盖检验检测专用章，同时附上检验申请表、产品使用说明书等相关资料。案例中微生物和理化检验报告的生产日期或批号为PH20231025，而毒理学试验检验报告的生产日期或批号为PH20231125，检验产品为不同批次产品，不符合《化妆品注册和备案检验工作规范》要求。

其他接受检验申请的检验检测机构应当对首家检验检测机构的封样情况

进行核对，确认无误后方可接收样品。

（二）产品名称，送检单位或生产企业等内容与备案申请表应保持一致

1.法规 《化妆品注册备案资料管理规定》第三十三条规定：

"（一）产品检验报告包括微生物与理化检验、毒理学试验、人体安全性试验报告和人体功效试验报告等。

2.产品检验报告中载明的产品信息应当与注册或者备案产品相关信息保持一致。"

2.案例

产品名称：××氨基酸表活洁面乳（表8-1）。

表8-1 产品标签样稿与检验报告信息对比表

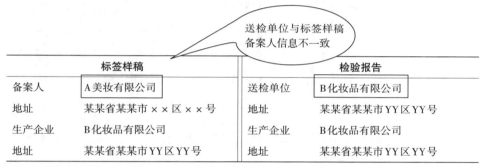

	标签样稿		检验报告
备案人	A美妆有限公司	送检单位	B化妆品有限公司
地址	某某省某某市××区××号	地址	某某省某某市YY区YY号
生产企业	B化妆品有限公司	生产企业	B化妆品有限公司
地址	某某省某某市YY区YY号	地址	某某省某某市YY区YY号

送检单位与标签样稿备案人信息不一致

3.解析 化妆品备案人应当建立化妆品备案资料审核制度。在产品备案前，应当对产品名称、产品配方、产品执行的标准、产品标签、产品检验报告、产品安全评估等备案资料以及功效宣称评价资料的合法性、真实性、科学性、完整性等进行审核。对于产品检验报告，应核查检验报告的名称与备案系统提交的产品名称一致性，核查检验报告的送检单位和生产企业与备案系统备案人信息和生产企业信息一致性。因历史原因，对检验报告送检人与产品注册人备案人不一致的检验报告，在产品注册备案时注册人备案人自行上传检验报告的同时，增加上传产品注册人备案人出具的委托送检的证明文件。案例中的标签样稿中备案人"A美妆有限公司"，与检验报告中的送检单位"B化妆品有限公司"不一致。

（三）多个生产企业生产同一产品的情形

1.法规 《化妆品注册备案资料管理规定》第三十三条规定：

"（一）产品检验报告包括微生物与理化检验、毒理学试验、人体安全性试验报告和人体功效试验报告等。

……

3.多个生产企业生产同一产品的，应当提供其中一个生产企业样品完整的产品检验报告，并提交其他生产企业样品的微生物与理化检验报告。"

2.案例 备案人甲委托生产企业A、生产企业B和生产企业C三家生产企业同时生产备案产品××顺滑洗发水，检验报告只提供了送检单位为备案人甲委托生产企业A的完整报告。

3.解析 微生物项目和理化项目与生产企业的生产过程和包材材料密切相关，是反映产品质量的基本要求。在保证不同生产企业生产的化妆品的安全性前提下，优化普通化妆品备案检验管理措施，减轻企业负担，对于多个生产企业生产同一化妆品的，要求提供其中一个生产企业样品完整的产品检验报告，同时为保证其他生产企业的产品基本质量要求，要求其他生产企业提交微生物项目与理化项目的检验报告。案例中只提供了备案人甲委托生产企业A的完整报告，还需提供备案人甲委托生产企为B和C的微生物、理化项目的检验报告。

三、检验报告项目应按法规要求完整检验

（一）宣称含 α-羟基酸或虽不宣称含 α-羟基酸，但其总量≥3%（w/w）的产品应检测所含 α-羟基酸和pH值

1.法规 《化妆品注册和备案检验工作规范》附1 化妆品注册和备案检验项目要求

四、产品标签、说明书标注有以下宣称及用途的产品，应当按以下要求确定检验项目：

（一）宣称含 α-羟基酸或虽不宣称含 α-羟基酸，但其总量≥3%（w/w）的产品应当检测所含 α-羟基酸，同时检测pH值。

2.案例

产品名称：××果酸身体乳

标签样稿宣称：添加果酸+透明质酸，专为肌肤干燥粗糙制定，悉心呵护身体肌肤。

产品检验报告：未提供 α-羟基酸和pH值的检测报告。

3.**解析**　化妆品备案人应根据产品类型、配方、原料等产品资料信息，分析和评估产品存在的安全风险和确定产品检测需求。当配方添加 α–羟基酸总量 ≥ 3%（w/w）或者宣称含 α–羟基酸的产品时，检测项目应包括所含 α–羟基酸，同时检测 pH 值。

常见的 α–羟基酸如酒石酸、乙醇酸、苹果酸、乳酸、柠檬酸等。"盐类"系指其钠、钾、钙、镁、铵和醇胺盐；"酯类"系指甲基、乙基、丙基、异丙基、丁基、异丁基和苯基酯等。

（二）申报配方中含有原料使用目的为去屑剂的产品应检测所含去屑剂

1.**法规**　《化妆品注册和备案检验工作规范》附1 化妆品注册和备案检验项目要求

四、产品标签、说明书标注有以下宣称及用途的产品，应当按以下要求确定检验项目：

……

（二）申报配方中含有原料使用目的为去屑剂的产品应当检测所含去屑剂。

2.**案例**

产品名称：××去屑洗发露

标签样稿宣称：本品采用秀发清洁去屑配方，有效去除头皮屑，净屑又带香。吡罗克酮乙醇胺盐的使用目的为去屑剂。

产品检验报告：未提供去屑剂吡罗克酮乙醇胺盐的检测报告。

3.**解析**　化妆品备案人应根据产品类型、配方、原料等产品资料信息，分析和评估产品存在的安全风险和确定产品检测需求。当配方申报含有原料使用目的为去屑剂时，检测项目应包括所含去屑剂。

常见应检测的去屑剂有：水杨酸、氯咪巴唑、吡罗克酮乙醇胺盐、吡硫鎓锌和二硫化硒等。

（三）非防晒类产品申报配方中使用化学防晒剂的，应检测所含化学防晒剂

1.**法规**　《化妆品注册和备案检验工作规范》附1 化妆品注册和备案检验项目要求

四、产品标签、说明书标注有以下宣称及用途的产品，应当按以下要求确定检验项目：

……

（三）非防晒类产品申报配方中使用化学防晒剂的，应当检测所含化学防晒剂。

2. 案例

产品名称：××诱惑香水

产品配方：甲氧基肉桂酸乙基己酯（ETHYLHEXYL METHOXYCINNAMATE），含量为0.12%，使用目的为光稳定剂。

产品检验报告：未提供化学防晒剂甲氧基肉桂酸乙基己酯的检测报告

3. 解析 化妆品备案人应根据产品类型、配方、原料等产品资料信息，分析和评估产品存在的安全风险和确定产品检测需求。当普通化妆品配方申报含有化学防晒剂时，检测项目应包括所含化学防晒剂的。且配方中化学防晒剂含量之和≥0.5%（w/w）的产品（淋洗类、香水类、指甲油类除外），应同时检测SPF值。同时应该注意的是，当普通化妆品需添加化学防晒剂作为产品或原料的光稳定剂或光保护剂时，应在配方项下使用目的栏填报光稳定剂或光保护剂，而不是防晒剂。

（四）宣称脱毛用途的产品，应检测巯基乙酸、pH值

1. 法规 《化妆品注册和备案检验工作规范》附1 化妆品注册和备案检验项目要求（表8-2）

四、产品标签、说明书标注有以下宣称及用途的产品，应当按以下要求确定检验项目：

……

（五）宣称脱毛用途的产品应当检测巯基乙酸。

表8-2 理化检验项目中pH值检测产品要求

检验项目	非特殊用途化妆品	特殊用途化妆品								
		育发类	染发类	烫发类	脱毛类	美乳类	健美类	除臭类	祛斑类	防晒类
汞	○	○	○	○	○	○	○	○	○	○
铅	○	○	○	○	○	○	○	○	○	○
砷	○	○	○	○	○	○	○	○	○	○
镉	○	○	○	○	○	○	○	○	○	○
甲醇[①]										
二噁烷[②]										
石棉[③]										

续表

检验项目	非特殊用途化妆品	特殊用途化妆品								
		育发类	染发类	烫发类	脱毛类	美乳类	健美类	除臭类	祛斑类	防晒类
甲醛④								○		
巯基乙酸				○	○					
防晒剂⑤										○
染发剂			○							
pH值⑥				○	○				○	
α-羟基酸⑥										
去屑剂⑦										
抗UVA能力参数-临界波长⑧										

注：①乙醇、异丙醇含量之和≥10%（w/w）的产品，需检测甲醇项目。

②配方中含有乙氧基结构原料的产品，需检测二噁烷项目。

③配方中含有滑石粉原料的产品，需检测石棉项目。

④配方中含有甲醛及甲醛缓释体类原料的产品，需检测游离甲醛项目；

⑤配方中含有化学防晒剂的非防晒类产品，需检测所含化学防晒剂。

⑥宣称含α-羟基酸或虽不宣称含α-羟基酸、但其总量≥3%（w/w）的产品，需要检测α-羟基酸项目，同时检测pH值。纯油性（含蜡基）的产品不需要检测pH值；多剂配合使用的产品如需检测pH值，除在单剂中检测外，还应当根据使用说明书检测混合后样品的pH值。

⑦申报配方中含有原料使用目的为去屑剂的产品，需检测所含去屑剂。

⑧宣称UVA防护效果或宣称广谱防晒的产品，需要检测化妆品抗UVA能力参数-临界波长或PFA值。

⑨终产品因包装原因无法取样或可能影响检验结果的（例如喷雾产品、气垫产品等），企业在提交完整检测样品的同时，可配合提供包装前的最后一道工序的半成品，检验检测机构应当在检验报告中予以说明。

2.案例

产品名称：××美肌脱毛膏

标签样稿宣称：本产品添加植萃成分，在迅速有效地去除体毛同时，帮助收缩毛孔，使用后肌肤细腻紧致，丝滑柔软。

产品检验报告：未提供巯基乙酸、pH值的检测报告。

3.解析 脱毛产品的脱毛原理一般为：脱毛功效成分和毛发中的蛋白发生反应，通过破坏毛发的角蛋白二硫键，让毛发变得脆弱易断，一擦就能脱落。同时强碱性容易使毛发失去抗拉强度，更容易脱落。

巯基乙酸和巯基乙酸钙是脱毛产品中比较常见的脱毛成分，其不但有刺激性、过敏性，还可能破坏人体的造血功能，严重时甚至诱发淋巴癌、膀胱癌、乳腺癌、白血病等的风险。pH值过大也会造成皮肤刺激和过敏。因此，《化妆品注册和备案检验工作规范》对脱毛产品中的巯基乙酸和pH值进行控制，以保证脱毛产品质量和安全。

（五）配方中含有滑石粉原料的产品，应检测石棉

1.法规 《化妆品注册和备案检验工作规范》附1 化妆品注册和备案检验项目要求

五、产品配方中含有以下原料的产品，应当按以下要求确定检验项目：

（一）配方中含有滑石粉原料的产品，应当检测石棉。

2.案例

产品名称：××爽身粉

产品配方：滑石粉（TALC），含量为99.0%，使用目的为皮肤调理剂。

产品检验报告：未提供石棉的检测报告

3.解析 石棉是天然存在的矿物，由柔性纤维构成。一旦这些纤维被吸入或摄入，可能会永久停留在人体内，进而引发炎症，并最终造成基因损伤，从而导致癌症。《化妆品安全技术规范》将石棉被列为禁用物质，并给出了石棉的检测方法，要求不得检出。《化妆品注册和备案检验工作规范》附1中第八条要求：根据化妆品使用原料及产品特性，对产品中可能存在并具有安全性风险的物质，国家药品监督管理局经过安全性风险评估认为必要时，可要求增加相关检验项目。同时在理化检验项目中规定：配方中含有滑石粉原料的产品，需检测石棉项目。

（六）配方中含有甲醛缓释体类原料的产品，应检测游离甲醛

1.法规 《化妆品注册和备案检验工作规范》附1 化妆品注册和备案检验项目要求

五、产品配方中含有以下原料的产品，应当按以下要求确定检验项目：

……

（二）配方中含有甲醛及甲醛缓释体类原料的产品，应当检测游离甲醛。

2.案例

产品名称：××紧致精华液

产品配方：DMDM 乙内酰脲（DMDM HYDANTOIN），含量为0.01%，使用目的为防腐剂。

产品检验报告：未提供游离甲醛的检测报告

3.**解析** 化妆品备案人应根据产品类型、配方、原料等产品资料信息，分析和评估产品存在的安全风险和确定产品检测需求。当普通化妆品配方申报含有甲醛缓释体类原料时，应检测游离甲醛。

常见含有甲醛缓释体类原料有：2-溴-2-硝基丙烷-1,3-二醇、5-溴-5-硝基-1,3-二噁烷、DMDM乙内酰脲、二甲基噁唑烷、咪唑烷基脲、羟甲基甘氨酸钠、双（羟甲基）咪唑烷基脲等。

（七）配方中含有乙氧基结构原料的产品，应检测二噁烷

1.**法规** 《化妆品注册和备案检验工作规范》附1 化妆品注册和备案检验项目要求

五、产品配方中含有以下原料的产品，应当按以下要求确定检验项目：

……

（三）配方中含有乙氧基结构原料的产品，应当检测二噁烷。

2.**案例**

产品名称：××润肤精华乳

产品配方：苯氧乙醇（PHENOXYETHANOL），含量为0.01%，使用目的为防腐剂。

产品检验报告：未提供二噁烷的检测报告

3.**解析** 二噁烷属于《技术规范》化妆品禁用组分第490号禁用组分，但由于技术上不可避免的原因，该物质可能随原料带入化妆品中。

化妆品中的二噁烷主要来源于含有乙氧基结构的原料，如聚乙二醇类、聚乙二醇脂肪酸酯类、脂肪醇聚醚类、聚山梨醇酯类等，这些原料常作为表面活性剂、发泡剂、乳化剂使用。洗发水、沐浴露、洗面奶等产品常使用该类原料，因此为控制产品中的二噁烷风险，当配方中含有乙氧基结构原料的产品时，应当检测二噁烷。

（八）乙醇、异丙醇含量之和≥10%（w/w）的产品，应检测甲醇项目

1.**法规** 《化妆品注册和备案检验工作规范》附1 化妆品注册和备案检验项目要求"乙醇、异丙醇含量之和≥10%（w/w）的产品，需检测甲醇项目"。

2.案例

产品名称：××植萃凝胶

产品配方：乙醇（ALCOHOL），含量为47.8%，使用目的为溶剂。

产品检验报告：未提供甲醇的检测报告

3.解析 甲醇对呼吸道和黏膜有强烈刺激作用，可经呼吸道、皮肤吸收，甲醇属于《化妆品安全技术规范》化妆品禁用组分第909号禁用组分，由于生产工艺和技术上的原因，该物质可能由产品配方中使用原料乙醇带入化妆品中。因此《化妆品安全技术规范》中规定甲醇在化妆品中的最大限值为2000mg/kg。当配方中乙醇、变性乙醇、异丙醇的含量之和≥10%（w/w）时，应检测甲醇项目。当乙醇、变性乙醇、异丙醇含量之和＜10%（w/w）时，应识别甲醇风险，可提供化妆品注册和备案检验机构出具的检验报告，或者备案人按照《关于优化普通化妆品备案检验管理措施有关事宜的公告》（2023年第13号）要求出具的检验报告。

（九）儿童普通化妆品产品，应按照《化妆品注册和备案检验工作规范》非特殊用途化妆品毒理学试验项目要求进行毒理学试验

1.法规 《化妆品注册和备案检验工作规范》附1 化妆品注册和备案检验项目要求（表8-3、表8-4）

表8-3 非特殊用途化妆品毒理学试验项目[①②③]

试验项目	发用类	护肤类		彩妆类			指（趾）甲类	芳香类
	易触及眼睛的发用产品	一般护肤产品	易触及眼睛的护肤产品	一般彩妆产品	眼部彩妆产品	护唇及唇部彩妆品		
急性皮肤刺激性试验[④]	○						○	○
急性眼刺激性试验[⑤⑥]	○		○		○			
多次皮肤刺激性试验		○	○	○		○		

注：①表中未涉及的产品，在选择试验项目时应根据实际情况确定，可按具体产品用途和类别增加或减少检验项目。

②修护类和涂彩类指（趾）甲产品不需要进行毒理学试验。

③化学防晒剂含量≥0.5%（w/w）的产品（淋洗类、香水类、指甲油类除外），除表中所列项目外，还应进行皮肤光毒性试验和皮肤变态反应试验。

④淋洗类护肤产品只需要进行急性皮肤刺激性试验，不需要进行多次皮肤刺激性试验。

⑤免洗护发类产品和描眉类彩妆品不需要进行急性眼刺激性试验。

⑥沐浴类产品应进行急性眼刺激性试验。

表8-4　功效评价检验项目

产品类别	检验项目
防晒化妆品	防晒指数（SPF值）测定[1]
	长波紫外线防护指数（PFA值）测定[2]
	防水性能测定[3]
其他功效宣称化妆品[6]	化妆品功效宣称评价指导原则确定的检验项目要求

注：①宣称防晒的产品需要检测SPF值。

②标注PFA值或PA+ ~ PA++++的产品，需要检测长波紫外线防护指数（PFA值）；宣称UVA防护效果或宣称广谱防晒的产品，需要检测化妆品抗UVA能力参数—临界波长或PFA值。

③防晒产品宣称"防水"、"防汗"或"适合游泳等户外活动"等内容的，根据其所宣称抗水程度或时间按规定的方法检测防水性能。

④非防晒类化妆品中化学防晒剂含量之和≥0.5%（w/w）的产品（淋洗类、香水类、指甲油类除外），需要检测SPF值。

⑤两剂或两剂以上混合使用的产品，应按说明书中使用方法进行试验。当存在不同浓度、不同配比等与安全性相关的不同使用方法时，需对每一种情况均进行相关的人体功效评价检验。

⑥宣称祛斑美白、防脱发以及宣称新功效的产品，应当按照化妆品功效宣称评价指导原则确定的检验项目要求，进行相应的功效性检验并出具检验报告。

2.案例

产品名称：××保湿眼霜

产品配方：水杨酸乙基己酯（2-Ethylhexyl salicylate），含量为0.8%，使用目的为保护剂。

产品检验报告：未提供皮肤光毒性试验和皮肤变态反应试验、急性眼刺激实验的检测报告以及SPF值检验报告

注：配方中使用了尚在安全监测中化妆品新原料。

3.解析　根据《化妆品注册备案资料管理规定》要求，产品使用尚在安全监测中化妆品新原料的，应提交毒理学试验报告，毒理学试验的检验项目应当符合《化妆品注册和备案检验工作规范》的要求。案例中产品为保湿眼霜，属于护肤类-易触及眼睛的护肤产品，对照《化妆品注册和备案检验工作规范》非特殊用途化妆品毒理学试验项目，应检测急性眼刺激性试验和多次皮肤刺激性试验。同时该产品配方含有0.8%的化学防晒剂"水杨酸乙基己酯"，对化学防晒剂含量≥0.5%（w/w）的驻留类护肤产品，还应进行皮肤光毒性试验和皮肤变态反应试验。同时根据《化妆品注册和备案检验工作规范》，非防晒类化妆品中化学防晒剂含量之和≥0.5%（w/w）的产品（淋洗类、香水类、指甲油类除外），需要检测SPF值，还应进行产品SPF值检验。

注：1989年发布的《化妆品卫生监督条例》第十条规定"特殊用途化妆品是指用于育发、染发、烫发、脱毛、美乳、健美、除臭、祛斑、防晒的化妆品"。2021年实施的《化妆品监督管理条例》第十六条规定"用于染发、烫发、祛斑美白、防晒、防脱发的化妆品以及宣称新功效的化妆品为特殊化妆品。特殊化妆品以外的化妆品为普通化妆品"。《化妆品监督管理条例》的实施将"特殊用途化妆品"和"非特殊用途化妆品"修改为"特殊化妆品"和"普通化妆品"。

（十）驻留类产品理化检验结果pH≤3.5或企业标准中设定pH≤3.5的产品未进行人体试用试验安全性评价

1.法规 《化妆品注册和备案检验工作规范》附1 化妆品注册和备案检验项目要求

六、驻留类产品理化检验结果pH≤3.5或企业标准中设定pH≤3.5的产品应当进行人体试用试验安全性评价。

人体安全性检验项目要求"宣称祛痘、抗皱、祛斑等功效的淋洗类产品均应当进行人体试用试验安全性评价。"

2.案例

【案例1】

产品名称：××靓肤精华液

产品理化项目检验结果：pH 为3.0。

产品检验报告：未提供皮人体试用试验安全性评价的检测报告

【案例2】

产品名称：××祛痘洗面奶

产品分类编码项下使用方法：淋洗类。

产品检验报告：未提供皮人体试用试验安全性评价的检测报告

3.解析

【案例1】皮肤表面的pH会影响皮肤细菌生存的皮肤微生态环境。皮肤（包括头皮）在正常状态下处于弱酸性，皮肤的pH大概在4.5~6.5。为了维持皮肤正常的酸碱度，化妆品需要保持一定的酸碱度。若化妆品的pH过低，会对皮肤具有一定的刺激和破坏作用，可能引发各种不良反应。因此，驻留类产品理化检验结果pH≤3.5或产品执行的标准中设定pH≤3.5的产品按《化妆品注册和备案检验工作规范》要求应当进行人体试用试验安全性评价，人体试用试验的目的是通过一段时间的试用产品来检测受试产品引起人体皮肤不良反应的潜在可能性。

【案例2】产品属于宣称祛痘功效的淋洗类产品，根据《化妆品注册和备案检验工作规范》中人体安全性检验项目的要求，宣称祛痘、抗皱、祛斑等功效的淋洗类产品均应当进行人体试用试验安全性评价。

四、检验结果应符合技术标准要求

1.法规 《化妆品注册备案资料管理规定》

第三十三条 注册或者备案产品的产品检验报告，由化妆品注册和备案检验机构出具，应当符合《化妆品安全技术规范》《化妆品注册和备案检验工作规范》等相关法规的规定。

2.案例

产品名称：××去屑洗发露

产品配方：吡罗克酮乙醇胺盐（PIROCTONE OLAMINE）含量为0.4%，使用目的为去屑剂

产品执行的标准理化检验项目：吡罗克酮乙醇胺盐控制指标：<1.0%

产品理化项目检验结果：吡罗克酮乙醇胺盐<0.006%。

3.解析 《化妆品生产经营监督管理办法》规定，化妆品注册人、备案人、受托生产企业应当建立并执行供应商遴选、原料验收、生产过程及质量控制、设备管理、产品检验及留样等保证化妆品质量安全的管理制度。化妆品质量稳定对相应关键过程关键成分的控制尤为重要，综合考虑原料评估、配方分析、控制措施的影响因素，通过对产品的关键成分设置相应科学合理的控制指标，贯彻于日常质量管理措施，才能保证化妆品的质量安全。如案例中吡罗克酮乙醇胺盐作为去屑剂使用时，是产品去屑功效的主要成分，将吡罗克酮乙醇胺盐纳入质量控制项目是保持产品质量稳定和产品功效的关键措施。该案例中吡罗克酮乙醇胺盐采用检验方式进行质量控制，根据配方中该原料的含量为0.4%，可设置控制指标为0.35%~0.44%。当配方成分和生产工艺复杂，控制成分含量较低，经过多批次生产验证且不影响产品质量，可适当放宽指示控制范围。

《化妆品监督管理条例》规定每个产品都要有对应的执行标准，即产品执行的标准，推行"一品一标"，是产品及其生产控制的规则。制定产品执行的

标准的目的就是确保产品符合预期，是生产经营和监管中作为判断产品是否符合预期的依据。化妆品注册人、备案人应当建立化妆品注册备案资料审核制度。在产品备案前，质量安全负责人应当对产品名称、产品配方、产品执行的标准、产品标签、产品检验报告、产品安全评估等备案资料以及功效宣称评价资料的合法性、真实性、科学性、完整性等进行审核；发现问题的，应当立即组织整改，在整改完成前不得提交备案资料。同时企业应当建立产品逐批放行制度。质量安全负责人应当组织对产品进行逐批审核，确保每批放行产品均检验合格且相关生产和质量活动记录经其审核批准，并形成产品放行记录。

五、多配方产品检验情形

1.法规 《化妆品注册和备案检验工作规范》附1 化妆品注册和备案检验项目要求

二、不同包装类型、各部分配方不同、且只有一个产品名称的样品，应当按照以下规定进行检验：

（一）微生物项目，若一个样品包装内各部分为独立包装，应当分别检验；若一个样品包装内各部分为非独立包装，应混合取样检验。若产品为不同类别的彩妆组合，应分别检验。

（二）理化项目应当按各部分分别检验；若无法分别取样，且不涉及配方原料含量相关检验项目的，可以按说明书中使用方法检验；若涉及配方原料含量相关检验项目的，可由企业提供包装前的半成品进行检验，取样方式应当在检验报告中予以说明。

（三）毒理学试验、人体安全性与功效评价检验可按照说明书中使用方法进行检验；当存在各部分单独使用的可能性时，应当分别检验。

2.案例

产品名称：××抗皱紧致次抛冻干精华液，包括净含量20mg的冻干粉和净含量1.3mL的精华液

检验报告：只提供一份混合后的测试的检验报告。报告中注解：20mg冻干粉和1.3mL精华液混匀后取样测试（该产品为冻干粉和精华液分别独立包装，分别报送配方）。

使用方法：将精华液倒入冻干粉瓶中，混合均匀后涂抹于面部。

3.解析 案例中"××抗皱紧致次抛冻干精华液"为净含量20mg的冻干

粉和净含量1.3mL的精华液分别独立包装，两部分配方不同，且只有一个产品名称。符合《化妆品注册和备案检验工作规范》附1化妆品注册和备案检验项目要求（二）规定情形，故应分别提供：①微生物项目，案例中样品包装内各部分为独立包装，应当分别检验；②理化项目，根据案例中产品的包装属性，属于可分别取样情形，理化项目应当按各部分分别检验；③毒理学试验、人体安全性与功效评价检验，案例中该产品为配合使用，可按配合使用方法进行检验。

六、补充检验报告应符合法规要求

1.法规　《化妆品注册和备案检验工作规范》附2 化妆品注册和备案检验报告书要求及体例

六、检验报告不得涂改增删，检验检测机构不得对已经出具的检验报告进行变更。

化妆品企业因产品名称、企业名称和地址等不影响检验结果的事项发生改变，或发现检验报告打印错误的，可向检验检测机构提出检验报告变更申请（表2-2），检验检测机构经确认后可出具补充检验报告或更正函，并说明理由。

化妆品注册与
备案检验报告
变更申请表

2.案例　化妆品注册和备案补充检验报告（图8-6）

检验受理编号		GF00××20212855××	
产品名称	中文名称	××脱毛膏	
	外文名称		
委托单位名称		某省AA化妆品有限公司	
境内责任人名称			
联　系　人	×××	电　话	12345678
补充事项及说明： 　　变更原因：经追溯和再次复核试验过程，发现原录入报告的数据有误，故现需出补充报告更正。 　　变更事项：受理编号为：GF00××20212855××的报告，报告第2页"检测结果"中"巯基乙酸"的检测结果原为：5.5%，现更正为：4.5%。 检验结果不属于《检验规范》允许通过补充检验报告方式变更的事项 　　　委托单位（公章）　　　　　　　法定代表人（签字） 　　　　年　月　日　　　　　　　　　　年　月　日			

图8-6　××脱毛膏补充检验报告

3.解析 根据《化妆品注册和备案检验工作规范》要求，检验报告不得涂改增删，检验检测机构不得对已经出具的检验报告进行变更。当化妆品企业因产品名称、企业名称和地址等不影响检验结果的事项发生改变，或发现检验报告打印错误的，可向检验检测机构提出检验报告变更申请。因此，可通过检验检测机构出具补充检验报告或更正函的情形是产品名称、企业名称和地址等不影响检验结果的事项发生改变，或发现检验报告打印错误的。案例中的变更原因为录入报告的数据有误，且属于检验结果发生改变的事项，不符合《化妆品注册和备案检验工作规范》允许通过补充检验报告方式变更的事项。

小结

本章对产品检验报告项下检验报告相关要素不符合情形、检验报告样品送检要求、常见检验项目缺项问题、检验结果的科学分析、多配方产品的检验情形和补充检验报告规范出具等进行案例解析，重点对检验报告相关要素的完整性进行介绍，对常见检验项目缺项问题进行汇总，对检验结果的符合性进行分析，对补充检验报告的规范使用进行阐述，以期做到普通化妆品备案资料产品检验报告科学准确地报送，保证普通化妆品的质量安全。

第九章 产品安全评估资料

☞ 引言

《化妆品监督管理条例》规定化妆品新原料和化妆品注册、备案前，注册申请人、备案人应当自行或者委托专业机构开展安全评估。从事安全评估的人员应当具备化妆品质量安全相关专业知识，并具有5年以上相关专业从业经历。《化妆品注册备案资料管理规定》要求注册人、备案人应当按照化妆品安全评估相关技术指南的要求开展产品安全评估，形成产品安全评估报告。

化妆品安全评估是基于化妆品中所有原料和风险物质（风险物质可能由化妆品原料、包装材料及化妆品生产、运输和存储等过程中产生或带入）的风险评估，利用现有的科学数据和相关信息对化妆品中危害人体健康的已知或潜在不良影响进行科学评价，有效反映出化妆品的潜在风险。

一、安全评估报告形式应当规范

（一）安全评估资料中所附其他文字材料应规范地翻译为中文，并将原文附在相应的译文之后

1. 法规 《化妆品注册备案资料管理规定》

第四条 化妆品注册备案资料应当使用国家公布的规范汉字。除注册商标、网址、专利名称、境外企业的名称和地址等必须使用其他文字的，或约定俗成的专业术语（如SPF、PFA、PA、UVA、UVB、维生素C等），所有其他文字均应完整、规范地翻译为中文，并将原文附在相应的译文之后。

2. 案例 香精资料仅提供了外文版，未提供翻译件。

3. 解析 该案例为产品安全评估报告附录中提供的证据资料不全，应按照《化妆品注册备案资料管理规定》要求提供完整翻译件。如其他文字证据资料整体较多，例如毒理学终点资料、原料质量规格等，可根据实际情况对本产品/原料评估涉及的关键信息进行翻译。

（二）安全评估资料相关信息与产品备案其他资料信息应一致

1.法规

（1）《化妆品注册备案资料管理规定》

第七条　化妆品注册备案资料中，出现的同项内容应当保持前后一致；有相关证明文件的，应当与证明文件中所载内容一致。

第三十一条　注册人、备案人或者境内责任人应当逐项填写《产品标签样稿》（附17），填写的使用方法、安全警示用语、贮存条件、使用期限等内容应当符合产品执行的标准。

第三十二条　普通化妆品办理备案时、特殊化妆品上市前，注册人、备案人或者境内责任人应当上传产品销售包装的标签图片，图片应当符合以下要求：

……

（三）上传图片的标签内容和说明书内容不得超出产品标签样稿载明的内容。

（2）《化妆品安全评估技术导则》

8.2　化妆品产品的安全评估报告

化妆品产品的安全评估报告通常包括摘要、产品简介、产品配方、配方设计原则（仅针对儿童化妆品）、配方中各成分的安全评估、可能存在的风险物质评估、风险控制措施或建议、安全评估结论、安全评估人员签名及简历、参考文献和附录等内容。

2.案例　（图9-1）

产品安全评估报告"风险控制措施或建议"

> 本产品为面霜，涂抹于面部，可每日使用。本产品为酸类产品，需逐步建立耐受；使用时注意保湿和防晒；不与其他酸类产品叠加使用。

产品标签样稿

> **使用方法**：早晚清洁肌肤后，取出适量产品点涂于面部痘处或油脂分泌旺盛处，轻轻按摩至吸收（注意：本品仅供外用，因个体差异，少数人可能会出现刺激反应，建立耐受后可继续使用。初次使用最好先小面积试用，如出现过敏反应，请立刻停用）。

图9-1　安全评估报告与标签样稿安全警示语不一致案例

3.解析　产品经安全评估后得出的风险控制措施或建议中"注意：使用时注意保湿和防晒，不与其他酸类产品叠加使用"，该事项涉及产品的使用安

全，应当标注于产品标签中，确保使用安全。该案例中，产品标签样稿中未包含相关内容。

（三）安全评估报告中产品配方与备案配方应一致

1.法规　《化妆品注册备案资料管理规定》

第七条　化妆品注册备案资料中，出现的同项内容应当保持前后一致；有相关证明文件的，应当与证明文件中所载内容一致。

2.案例　备案系统内产品配方项下填报8号原料为"茶（CAMELLIA SINENSIS）籽提取物"。

安全评估资料中产品配方表中8号原料为"山茶（CAMELLIA JAPONICA）籽提取物"。

产品安全评估报告中的"产品配方表"与备案系统内填报的"产品配方"不一致。

3.解析

中文名称：茶（图9-2）。

所属科属：被子植物_木兰亚纲_杜鹃花目_山茶科_山茶属_茶亚属

中文其他名称：

拉丁名：Camellia sinensis（L.）O. Kuntze

分类学概念出处：Camellia sinensis（L.）O. Ktze. in Acta. Horti Petrop. 10: 195. 1887.

异名：

灌木或小乔木，嫩枝无毛。叶革质，长圆形或椭圆形，长4~12cm，宽2~5cm，先端钝或尖锐，基部楔形，上面发亮，下面无毛或初时有柔毛，侧脉5~7对，边缘有锯齿，叶柄长3~8mm，无毛。花1~3朵腋生，白色，花柄长4~6mm，有时稍长；苞片2片，早落；萼片5片，阔卵形至圆形，长3~4mm，无毛，宿存；花瓣5~6片，阔卵形，长1~1.6cm，基部略连合，背面无毛，有时有短柔毛；雄蕊长8~13mm，基部连生1~2mm；子房密生白毛；花柱无毛，先端3裂，裂片长2~4mm。蒴果3球形或1~2球形，高1.1~1.5cm，每球有种子1~2粒。花期10月至翌年2月。

国内分布：江西、湖南、广东、广西、福建等

国外分布：

生境：野生种遍见于长江以南各省的山区

注：信息来源于《中国植物志》

图9-2　茶的基本信息

中文名称：山茶（图9-3）。

所属科属：被子植物_木兰亚纲_杜鹃花目_山茶科_山茶属_山茶亚属

中文其他名称：茶花

拉丁名：Camellia japonica L.

分类学概念出处：Camellia japonica Linn. Sp. Pl. 2: 698. 1753.

异名：

　　灌木或小乔木，高9m，嫩枝无毛。叶革质，椭圆形，长5~10cm，宽2.5~5 cm，先端略尖，或急短尖而有钝尖头，基部阔楔形，上面深绿色，干后发亮，无毛，下面浅绿色，无毛，侧脉7~8对，在上下两面均能见，边缘有相隔2~3.5cm的细锯齿。叶柄长8~15mm，无毛。花顶生，红色，无柄；苞片及萼片约10片，组成长2.5~3cm的杯状苞被，半圆形至圆形，长4~20mm，外面有绢毛，脱落；花瓣6~7片，外侧2片近圆形，几离生，长2cm，外面有毛，内侧5片基部连生约8mm，倒卵圆形，长3~4.5cm，无毛；雄蕊3轮，长2.5~3cm，外轮花丝基部连生，花丝管长1.5cm，无毛；内轮雄蕊离生，稍短，子房无毛，花柱长2.5cm，先端3裂。蒴果圆球形，直径2.5~3cm，2~3室，每室有种子1~2个，3片裂开，果爿厚木质。花期1~4月。

国内分布：四川、台湾、山东、江西

国外分布：

生境：国内各地广泛栽培

注：信息来源于《中国植物志》

图9-3　山茶的基本信息

　　该案例中，备案系统内填报的产品配方中8号原料为"茶（CAMELLIA SINENSIS）籽提取物"，INCI名称/英文名称：CAMELLIA SINENSIS SEED EXTRACT；产品安全评估报告中的产品配方表中8号原料为"山茶（CAMELLIA JAPONICA）籽提取物"，INCI名称/英文名称：CAMELLIA JAPONICA SEED EXTRACT，在《已使用化妆品原料目录（2021年版）》中对应的序号分别为01607、05886。依据《中国植物志》记载的信息，"茶"与"山茶"属于不同亚属。产品安全评估资料中，对配方8号原料的评估依据不足。

（四）安全评估报告内容应齐全，包含产品配方项下产品配方表、各成分的安全评估、可能存在的风险物质的安全评估、安全评估结论等内容

　　1. 法规　《化妆品安全评估技术导则》

　　2.5　化妆品注册人、备案人应自行或委托专业机构开展安全评估，形成安全评估报告，并对其真实性、科学性负责。

　　8.2　化妆品产品的安全评估报告

　　化妆品产品的安全评估报告通常包括摘要、产品简介、产品配方、配方设计原则（仅针对儿童化妆品）、配方中各成分的安全评估、可能存在的风险物质评估、风险控制措施或建议、安全评估结论、安全评估人员签名及简历、参考文献和附录等内容。

参考格式详见附录2，化妆品产品安全评估报告（完整版）示例见附录3，化妆品产品安全评估报告（简化版）示例见附录4。

2.案例（图9-4）

化妆品安全评估报告
（简化版）
×× β-烟酰胺单核苷酸冻干面膜
产品和企业信息

注册人/备案人名称：××生物科技有限公司

注册人/备案人地址：××省××市××区××街道123号

评估单位：××生物科技有限公司

评估人：罗××

评估日期：2022年12月03日
产品安全承诺书

本评估报告是评估人根据自己的专业知识和经验，本报告中所有资料由备案人提供，仅用于国产非特殊用途化妆品进行的风险评估。备案人对所提供的资料真实性负责，并承诺产品生产过程符合《化妆品生产许可工作规（2015年第265号）的要求。如有不实之处，备案人承担相应的法律责任，对由此造成的一切后果负责。

一、摘要

××β-烟酰胺单核苷酸冻干面膜为驻留类产品，适用于面部护理用途，参考《化妆品安全评估技术导则》有关规定，对产品的水、二裂酵母发酵产物滤液、甲基丙二醇、甘油、1,2-己二醇、1,2-戊二醇、对羟基苯乙酮、低聚果糖等25种原料，可能存在的二甘醇、苯酚风险物质开展了安全评估。结果显示，该产品在正常、合理及可预见的使用情况下，风险在可接受的范围之内，不会对人体健康产生危害。

二、产品简介

1、产品名称: ××β-烟酰胺单核苷酸冻干面膜

安全评估专用章

2、产品使用方法: 洁面后，取出面膜，挤压面膜袋将面膜精华液与面膜布混合在一块，等待面膜布完全吸收精华液后，敷于面部，享受15~20分钟的面膜时间，揭下面膜布，按摩后洗净即可。

3、产品类型: 驻留类

4、日均使用量（g/day）: 7.19*

5、产品驻留因子: 1.00

6、使用部位: 面部

7、暴露剂量（SED）=日均使用量X驻留因子×成分在配方中百分比×经皮吸收率÷体重*

注: *日均使用量参考《日本化妆品工业联合会（JCIA）》调查数据（第90百分位）。

*体重一般为默认的成人体重（60kg）；经皮吸收率以100%计。

三、1、××β-烟酰胺单核苷酸冻干面膜检验报告

2、××β-烟酰胺单核苷酸冻干面膜毒理学试验报告

图9-4 ××β-烟酰胺单核苷酸冻干面膜的安全评估报告

3.解析 该产品的安全评估报告仅包含了摘要、产品简介、附录（检验报告），不符合《化妆品安全评估技术导则》中8.2条的要求，该评估报告的科学性存疑，无法判断该产品的安全性。

（五）产品安全评估结论应明确是否安全

1.法规 《化妆品安全评估技术导则》

8.2 化妆品产品的安全评估报告

化妆品产品的安全评估报告通常包括摘要、产品简介、产品配方、配方设计原则（仅针对儿童化妆品）、配方中各成分的安全评估、可能存在的风险物质评估、风险控制措施或建议、安全评估结论、安全评估人员签名及简历、参考文献和附录等内容。

参考格式详见附录2，化妆品产品安全评估报告（完整版）示例见附录3，化妆品产品安全评估报告（简化版）示例见附录4。

2.案例（图9-5）

> **七、安全评估结论**
>
> 本产品为面霜（驻留类化妆品），可每日使用，涂抹于面部。主要暴露方式为经皮吸收，根据产品的特性，对本产品的暴露评估仅考虑经皮途径。
>
> 通过对产品以下各方面的综合评估：
>
> 1、对配方中各成分进行了安全评估；
> 2、可能存在的安全性风险物质，提供了检测报告及质量规格；（未出具是否符合要求的结论）
>
> 3、微生物检验结果显示该产品微生物符合《化妆品安全技术规范》（2015年版）有关要求；
>
> 4、有害物质检测结果显示，该产品有害物质含量符合《化妆品安全技术规范》（2015年版）有关要求；
>
> 5、配方中各成分之间未预见发生有害的相互作用。

图9-5 某面霜的安全评估报告

3.解析 案例中缺少安全评估结论。按照《化妆品安全评估技术导则》要求，安全评估报告应基于对所有安全评估资料的分析得出"安全评估结论"，如"综上，认为该产品在正常及合理、可预见的使用条件下，不会对人体健康产生危害。""该产品存在对人体健康产生危害的可能性。"

该案例中，未出具总体的安全评估结论，且1、2项仅给出了客观表述，未出具是否符合要求的结论。应按照《化妆品安全评估技术导则》要求，规范准确出具"安全评估结论"。

（六）评估日期不合理，早于相关证明性资料的出具时间

1.法规　《化妆品安全评估技术导则》

2.5　化妆品注册人、备案人应自行或委托专业机构开展安全评估，形成安全评估报告，并对其真实性、科学性负责。

8.2　化妆品产品的安全评估报告

化妆品产品的安全评估报告通常包括摘要、产品简介、产品配方、配方设计原则（仅针对儿童化妆品）、配方中各成分的安全评估、可能存在的风险物质评估、风险控制措施或建议、安全评估结论、安全评估人员签名及简历、参考文献和附录等内容。

2.案例（图9-6）

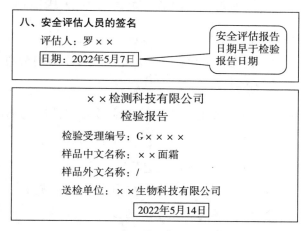

图9-6　评估日期不合理案例

3.解析　产品安全评估报告中安全评估人员的签名日期为2022年5月7日，且评估结论为"符合要求"，产品检验报告出具日期为2022年5月14日。产品安全评估报告出具时间早于产品检验报告出具时间，时间前后矛盾。备案人自行或委托专业机构开展安全评估时应真实、科学地采用相关安全评估证明材料进行安全评估。

（七）气雾剂类产品，含有与产品内容物直接接触的推进剂的，推进剂应分别评估

1.法规　《化妆品注册备案资料管理规定》第二十九条规定"含有与产品

内容物直接接触的推进剂的，应当在配方备注栏中标明推进剂的种类、添加量等。"

2.案例 产品配方含有推进剂（异丁烷42.5%、丙烷7.5%），推进剂与其他原料一同评估，其他原料的评估按照50%计（图9-7）。

☑ 使用与内容物直接接触的推进剂							
增加行	编辑行	删除行					
	序号	推进剂名称	INCI名称	原料含量（%）	原料中成分含量(%)	添加量（%）	主要使用目的
··	1	异丁烷	ISOBUTANE	100	85	85	推进剂
		丙烷	PROPANE		15	15	
合计				100%		100%	
推进剂灌装量 推进剂总质量：配方原料总质量=1∶1							

图9-7 使用与内容物直接接触的推进剂产品案例

3.解析 产品配方含有推进剂，推进剂与其他原料应分开评估，其他原料的评估浓度应为扣除推进剂后配方（以100%计）中各组分总量的浓度，不可折算；推进剂可按比例折算。

（八）必须配合仪器或者工具的化妆品应按要求评估的情形

1.法规

（1）《化妆品注册备案资料管理规定》

第三十四条 注册人、备案人应当按照化妆品安全评估相关技术指南的要求开展产品安全评估，形成产品安全评估报告。

必须配合仪器或者工具（仅辅助涂擦的毛刷、气垫、烫发工具等除外）使用的化妆品，应当评估配合仪器或者工具使用条件下的安全性；并应当提供在产品使用过程中仪器或者工具是否具有化妆品功能，是否参与化妆品的再生产过程，是否改变产品与皮肤的作用机理等情况的说明资料。

（2）《化妆品注册备案管理问题解答（一）》

问：必须配合仪器或工具使用的化妆品如何注册备案？

答：除仅辅助涂擦的毛刷、气垫、烫发工具等外，必须配合仪器或者工具使用的化妆品，其产品安全评估过程中应当评估配合仪器或者工具使用条件下的安全性。原则上，配合使用的仪器或者工具，不应具有化妆品功能，不应参与化妆品的再生产过程，不能改变化妆品与皮肤的作用方式和作用机理。

2. 案例（图9-8）

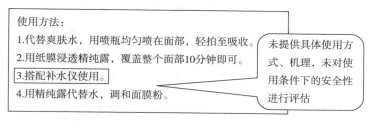

使用方法：
1. 代替爽肤水，用喷瓶均匀喷在面部，轻拍至吸收。
2. 用纸膜浸透精纯露，覆盖整个面部10分钟即可。
3. 搭配补水仪使用。
4. 用精纯露代替水，调和面膜粉。

未提供具体使用方式、机理，未对使用条件下的安全性进行评估

图9-8 配合仪器或者工具使用产品案例

3. 解析 该案例中"使用方法：搭配补水仪使用"，未提供具体使用方式、机理，未对配合仪器或者工具使用条件下的安全性进行评估，不能确保该产品使用方式下的安全性。

二、安全评估人员资质应符合要求

1. 法规

（1）《化妆品监督管理条例》

第二十一条 化妆品新原料和化妆品注册、备案前，注册申请人、备案人应当自行或者委托专业机构开展安全评估。

从事安全评估的人员应当具备化妆品质量安全相关专业知识，并具有5年以上相关专业从业经历。

（2）《化妆品安全评估技术导则》

2.4 化妆品的安全评估工作应由具有相应能力的安全评估人员按照本导则的要求进行评估，并出具评估报告。

2.8 评估人员的简历应附在评估报告之后，简历内容应包括评估人员的教育经历、化妆品相关从业经历、专业培训经历等。

3. 化妆品安全评估人员的要求

化妆品安全评估人员应符合以下要求：

3.1 具有医学、药学、生物学、化学或毒理学等化妆品质量安全相关专业知识，了解化妆品成品或原料生产过程和质量安全控制要求，并具有5年以上相关专业从业经历。

3.2 能查阅和分析化学、毒理学等相关文献信息，分析、评估和解释相关数据。

3.3 能公平、客观地分析化妆品的安全性，在全面分析所有可获得的数据和暴露条件的基础上，开展安全评估工作，并对评估报告的科学性、准确性、真实性和可靠性负责。

3.4 能通过定期接受相应的专业培训等方式，学习安全评估的相关知识，了解和掌握新的安全评估理论、技术和方法，并用于实践。

2. 案例（图9-9）

个人简历					
姓名	安××	性别	女	出生年月	1989年8月
专业	药学	学历	本科	联系方式	18888888888
学习经历	2012年7月毕业于××大学，学习药剂、药学相关知识。以下空白。				

安全评估人员"安××"简历缺少化妆品相关从业经历、专业培训经历。

图9-9　未规范填报安全评估人员信息案例

3. 解析　按照《化妆品安全评估技术导则》要求，安全评估人员的简历内容应包括教育经历、化妆品相关从业经历、专业培训经历等，以确保其符合《化妆品监督管理条例》第二十一条及《化妆品安全评估技术导则》第3条的相关要求。依据以上资料判断安全评估人员是否具备出具评估报告的能力。该案例中安全评估人员"安××"的简历缺少相关内容，不符合《化妆品安全评估技术导则》关于安全评估人员的要求。

三、配方成分安全评估应符合要求

（一）未按《化妆品安全评估技术导训》要求至少选择一种证据进行评估以确定其安全性的或成分的含量超出所选择的证据类型的限量，且无进一步分析和评估的

1. 法规　《化妆品安全评估技术导则》

2.5 化妆品注册人、备案人应自行或委托专业机构开展安全评估，形成安全评估报告，并对其真实性、科学性负责。

9.1 化妆品产品安全评估报告（简化版）可采用的证据

按照以下顺序依次选择至少一种证据进行评估以确定其安全性。

……

9.1.2 国内外权威机构，如世界卫生组织（WHO）、联合国粮农组织（FAO）、欧盟消费者安全科学委员会（SCCS）、美国化妆品原料评价委员会（CIR）等已公布的安全限量或结论如化妆品安全使用结论、每日允许摄入量、每日耐受剂量、参考剂量、一般认为安全物质（GRAS）等，国际日用香料协会（IFRA）已发布的香料原料标准等，如有限制条件（如刺激性要求等），在符合其限制条件下，结合原料历史使用浓度、产品或原料毒理学测试或人体临床测试结果，可采用其限量或结论；只有系统毒性评估结论的，结合原料历史使用浓度、产品或原料毒理学测试结果或人体临床测试结果，对产品刺激性等局部毒性进行评估后，可采用其限量或结论。

……

9.1.5 对于无法使用上述任一证据类型的原料和/或风险物质，应按照本导则要求的评估程序进行评估证明其安全性。

2. 案例

【案例1】见表9-1。

表9-1　成分未按《化妆品安全评估技术导则》进行安全评估案例1

序号	中文名称	含量（%）	《化妆品安全技术规范》要求	权威机构评估结论	本企业原料历史使用量（%）	最高历史使用量（%）	评估结论	参考文献
12	海藻糖	2.5		美国化妆品原料评价委员会（CIR）评估认为该原料在化妆品中的使用是安全的。			该原料在本产品中的应用风险在可接受范围内，可安全使用。	4

参考文献：4.https://online.personalcarecouncil.org/jsp/IngredInfoSearch ResultPage.jsp

> 查询CIR公布的"海藻糖"的评估结论"驻留类化妆品使用浓度为2%时，在化妆品中的使用是安全的"

【案例2】见表9-2，表9-3。

表9-2　成分未按《化妆品安全评估技术导则》进行安全评估案例2

序号	中文名称	含量（%）	《化妆品安全技术规范》要求	权威机构评估结论	本企业原料历史使用量（%）	最高历史使用量（%）	评估结论	参考文献
7	母菊（CHAMOMILLA RECUTITA）花提取物	0.0015				17.96	该原料使用浓度低已使用目录中的最高历史使用量，可安全使用	2

与《已使用化妆品原料目录》（2021年版）中载明的用量不符

表9-3　已使用化妆品原料目录（2021年版）序号04739

已使用化妆品原料目录（2021年版）					
序号	中文名称	INCI名称/英文名称	淋洗类产品最高历史使用量（%）	驻留类产品最高历史使用量（%）	备注
04739	母菊（CHAMOMILLA RECUTITA）花提取物	CHAMOMILLA RECUTITA（MATRICARIA）FLOWER EXTRACT	5	0.2	

超出所选取证据类型的用量

【案例3】见表9-4。

表9-4　成分未按《化妆品安全评估技术导则》进行安全评估案例3

序号	中文名称	含量（%）	《化妆品安全技术规范》要求	权威机构评估结论	本企业原料历史使用量（%）	最高历史使用量（%）	评估结论	参考文献
19	银杏（GINKGO BILOBA）提取物	0.02				0.01	本配方中添加量在安全用量以内。	1

超出所选取证据类型的用量

【案例4】见表9-5，表9-6。

表9-5 成分未按《化妆品安全评估技术导则》进行安全评估案例4

序号	中文名称	含量（%）	《化妆品安全技术规范》要求	权威机构评估结论	本企业原料历史使用量（%）	最高历史使用量（%）	评估结论	参考文献
2	番红花（CROCUS SATIVUS）提取物	10				10	该成分使用浓度不超过已获批准淋洗类产品中最高历史使用量，可安全使用。	1

驻留类产品使用淋洗类产品的最高历史使用量作为评估依据

表9-6 已使用化妆品原料目录（2021年版）序号02267

序号	中文名称	INCI名称/英文名称	淋洗类产品最高历史使用量（%）	驻留类产品最高历史使用量（%）	备注
02267	番红花（CROCUS SATIVUS）花提取物	CROCUS SATIVUS FLOWER EXTRACT	10	0.35	

【案例5】见表9-7。

表9-7 成分未按《化妆品安全评估技术导则》进行安全评估案例5

序号	中文名称	含量（%）	《化妆品安全技术规范》要求	权威机构评估结论	本企业原料历史使用量（%）	最高历史使用量（%）	评估结论	参考文献
19	三七（PANAX NOTOGINSENG）提取物	0.0007		急性毒性:大鼠急性经口毒性LD50>20.25g/kg 重复剂量毒性:根据《华南预防医学》中查得文献《三七的经口急性及亚慢性毒性研究》中提到为期90天大鼠重复经口染毒试验的NOAEL=7500mg/kg.bw/day 局部毒性:根据终产品的毒理检验报告显示,多次皮肤刺激性试验为无刺激性。系统毒性:经过危害特征描述,选取90天大鼠重复经口染毒试验的NOAEL=7500mg/kg.bw/day用以计算安全边际值,暴			本配方中添加量在安全用量以内。	1

该产品中使用的原料与参考文献中受试物非同一物质

续表

序号	中文名称	含量（%）	《化妆品安全技术规范》要求	权威机构评估结论	本企业原料历史使用用量（%）	最高历史使用量（%）	评估结论	参考文献
19				露计量SED=1.54×1000×1×6×0.0007%×100%/60=0.0002mg/kg.bw/day. MoS=NOAEL/SED=7500/0.0002=37500000>100，符合安全要求。综上所述，该组分在化妆品中导致全身系统毒性和局部毒性的风险较低，用于化妆品中符合产品安全要求。				

产品配方备注三七（PANAXNOTOGINSENG）提取物，使用部位为根部。

参考文献：

1.唐娇,赵敏,谭剑斌,等.三七的经口急性毒性及亚慢性毒性研究[J].华南预防医学，2015,41(6):521-52.

3.解析

【案例1】该产品名称"××面霜"，为驻留类，"海藻糖"使用CIR的评估结论作为评估依据，但未列明限制条件和限量。查询CIR公布的"海藻糖"的评估结论"驻留类化妆品使用浓度为2%时，在化妆品中的使用是安全的"。该产品中"海藻糖"配方含量为2.5%，超出CIR中的限制使用浓度，也未使用其他证据类型或按照《化妆品安全评估技术导则》要求的评估程序进行评估，不能证明该原料在配方用量下产品的安全性。

【案例2】该产品名称"××面霜"，为驻留类，"母菊（CHAMOMILLA RECUTITA）花提取物"使用最高历史用量（17.96%）作为评估依据。查询《已使用化妆品原料目录（2021年版）》，"母菊（CHAMOMILLA RECUTITA）花提取物"淋洗类产品最高历史使用量为5%，驻留类产品最高历史使用量为0.2%。评估依据中的最高历史用量（17.96%）与《已使用化妆品原料目录（2021年版）》中收录的最高历史使用量不符。备案人应对提交的备案资料的准确性负责，结合产品的具体属性，严格按照《已使用化妆品原料目录（2021年版）》的类别选择相应的证据数据。

【案例3】该产品名称"××乳液"，为驻留类，"银杏（GINKGO BILOBA）提取物"使用最高历史用量（0.01%）作为评估依据。该产品中"银杏（GINKGO

BILOBA）提取物"配方含量为0.02%，超出驻留类产品最高历史使用量为0.01%，评估结论仍为"本配方中添加量在安全用量以内"，也未使用其他证据类型或按照《技术导则》要求的评估程序进行评估，不能证明该原料用量下产品的安全性。

【案例4】该产品名称"××霜"，为驻留类，"番红花（CROCUS SATIVUS）花提取物"使用最高历史用量（10%）作为评估依据。查询《已使用化妆品原料目录（2021年版）》，"番红花（CROCUS SATIVUS）花提取物"淋洗类产品最高历史使用量为10%，驻留类产品最高历史使用量为0.35%。该产品为驻留类，采用淋洗类产品最高历史用量作为评估依据不妥，且产品中"番红花（CROCUS SATIVUS）花提取物"配方含量为10%，超出驻留类产品最高历史使用量0.35%，也未使用其他证据类型或按照《化妆品安全评估技术导则》要求的评估程序进行评估，不能证明该原料用量下产品的安全性。

【案例5】

三七的经口急性毒性及亚慢性毒性研究

唐娇，赵敏，谭剑斌，陈璧锋，黄俊明，杨杏芬

[摘要]目的 观察三七的经口急性毒性及亚慢性毒性作用。方法 SD大鼠20只，雌雄各半，采用最大耐受剂量法检测三七的急性毒性作用。80只SD大鼠随机分为阴性对照组、低、中、高剂量组，每组20只，雌雄各半，经口染毒剂量分别为0.000、0.750、2.372、7.500g/（kg·BW），连续染毒90d，定期观察一般健康状况，记录体重和摄食量并计算食物利用率，终期检测血液学和血液化学指标，并进行大体解剖，称取重要脏器重量并计算脏/体比值，对高剂量组和阴性对照组大鼠的主要脏器进行组织病理学检查，检查大鼠亚慢性经口毒性作用。结果 在14d观察期内，未出现受试物引起的中毒和死亡情况。雌雄大鼠均外观正常，四肢活动正常。剖检未出现肉眼可见病变。获得三七SD大鼠的经口最大耐受剂量>20.25g/（kg·BW）。大鼠亚慢性经口毒性试验各剂量组动物一般生理体征、行为、外观、皮毛和大小便等均无异常，体重、食物利用率、血液学指标、血液化学指标、脏器重量、脏/体比值、组织病理学检查结果均无与受试物相关的异常。结论 在本实验条件下，三七属无毒级物质，大鼠亚慢性经口毒性试验最大未观察到有害作用的剂量（NOAEL）>7.500g/（kg·BW）。

1受试物 本研究采用产自云南文山州的三七作为试验材料，购于广州健安堂药业有限公司。机经中国广械粉碎成粉末，过120目网筛供试验用州分析测试中心检测其中三七皂RI的含量为1.92%。

图9-10 案例5三七进行安全评估所引用文献

该产品中"三七（PANAX NOTOGINSENG）提取物"按照《化妆品安全评估技术导则》要求进行完整评估，其中"急性毒性"大鼠急性经口毒性 $LD_{50} > 20.25g/kg$，"重复计量毒性"中提到为期90天大鼠重复经口染毒试验的 $NOAEL=7500mg/kg.bw/day$，均根据《华南预防医学》中查得文献《三七的经口毒性及亚慢性毒性研究》得出（图9-10）。查询文献《三七的经口毒性及亚慢性毒性研究》，所使用的受试物为三七机械粉碎的粉末，未通过"三七（PANAX NOTOGINSENG）提取物"的提取工艺说明一致性。也未使用其他证据类型或按照《化妆品安全评估技术导则》要求的评估程序进行评估。该原料的评估缺少对皮肤变态反应、皮肤光毒性或提供该原料不具有紫外吸收特性的证明资料、遗传毒性（至少应当包括一项基因水平和一项染色体水平）等毒理学终点的评估分析资料，系统毒性评估中急性毒性、重复剂量毒性和NOAEL值所引用的文献不足以支持该原料在产品中的使用安全性。

（二）应按照要求对各组分进行评估

1.法规

（1）《化妆品安全评估技术导则》

8.2 化妆品产品的安全评估报告

化妆品产品的安全评估报告通常包括摘要、产品简介、产品配方、配方设计原则（仅针对儿童化妆品）、配方中各成分的安全评估、可能存在的风险物质评估、风险控制措施或建议、安全评估结论、安全评估人员签名及简历、参考文献和附录等内容。

参考格式详见附录2，化妆品产品安全评估报告（完整版）示例见附录3，化妆品产品安全评估报告（简化版）示例见附录4。

9.说明

9.1 化妆品产品安全评估报告（简化版）可采用的证据

按照以下顺序依次选择至少一种证据进行评估以确定其安全性。

9.1.1《技术规范》中的限用组分、准用防腐剂、准用防晒剂、准用着色剂和准用染发剂列表中的原料，必须符合其使用要求。

9.1.2国内外权威机构，如世界卫生组织（WHO）、联合国粮农组织（FAO）、欧盟消费者安全科学委员会（SCCS）、美国化妆品原料评价委员会（CIR）等已公布的安全限量或结论如化妆品安全使用结论、每日允许摄入量、每日耐受剂量、参考剂量、一般认为安全物质（GRAS）等，国际日用香料协会

（IFRA）已发布的香料原料标准等，如有限制条件（如刺激性要求等），在符合其限制条件下，结合原料历史使用浓度、产品或原料毒理学测试或人体临床测试结果，可采用其限量或结论；只有系统毒性评估结论的，结合原料历史使用浓度、产品或原料毒理学测试结果或人体临床测试结果，对产品刺激性等局部毒性进行评估后，可采用其限量或结论。

9.1.3 原料在本企业已上市（至少3年）的相同使用方法产品中的浓度（即：本企业的历史使用浓度）作为评估的证据。使用部位和使用方法相同产品配方中原料使用浓度原则上应不高于原料在本企业的历史使用浓度，如高于历史使用浓度，应按照本导则进行安全评估证明其安全性；原料历史使用浓度可相互参考，暴露量高和接触时间长的产品，可用于暴露量低和接触时间短的产品评估，但需要从目标人群、使用部位和使用方式等方面充分分析说明其合理性。

使用本企业的历史使用浓度应提供的证明文件包括以下内容：（1）国产特殊产品和进口产品：注册或备案配方（须与申报时提交配方一致），产品注册证书或备案凭证，产品上市证明文件；（2）国产普通产品：带原料含量或可计算原料含量的生产记录、工艺单、配料单，备案凭证，产品上市证明文件；（3）不良反应监测情况说明；（4）其他证明文件。

9.1.4 以上三种证据类型均不能评估时，化妆品监管部门公布的原料最高历史使用量可为评估提供参考。需评估产品中原料使用浓度原则上不应高于化妆品监管部门发布的原料最高历史使用量。

9.1.5 对于无法使用上述任一证据类型的原料和/或风险物质，应按照本导则要求的评估程序进行评估证明其安全性。

（2）《化妆品注册备案管理问题解答（一）》

问：使用了安全监测期新原料的化妆品如何注册、备案？

答：化妆品新原料取得注册、进行备案后，国家药监局会向社会公布新原料注册、备案管理相关信息。其他化妆品注册人、备案人使用新原料生产化妆品的，应当在化妆品办理注册、备案时填写新原料注册、备案编号，通过注册备案信息服务平台经新原料注册人、备案人关联确认，方可提交注册申请、备案资料。

化妆品注册备案管理问题解答（一）

使用了安全监测期新原料生产化妆品的化妆品注册人、备案人，应当按照《办法》规定要求履行新原料使用和安全情况监测义务。

问：新原料被责令暂停使用，相关化妆品如何处置？

答：安全监测期内的化妆品新原料被责令暂停使用的，注册备案信息服务平台会自动识别使用该新原料的化妆品并给予提示，相关化妆品注册人、备案人应当同时暂停生产、经营使用该新原料的化妆品。

2.案例 产品安全评估报告表2各成分的安全评估（表9-8）。

表9-8 成分未按照要求进行安全评估案例

序号	中文名称	含量（%）	《化妆品安全技术规范》要求	权威机构评估结论	本企业原料历史使用量（%）	最高历史使用量（%）	评估结论	参考文献
25	β-烟酰胺单核苷酸	0.11					/	/

安全监测期内的新原料

3.解析 该案例中25号原料"β-烟酰胺单核苷酸"未按照《化妆品安全评估技术导则》要求填报评估依据、评估结论等。

注：β-烟酰胺单核苷酸属于新原料。使用安全监测期的新原料的产品在备案资料核查时应注意：①该原料的使用是否经过授权；②该原料的使用目的、使用范围、使用量等是否符合新原料技术要求；③产品使用尚在安全监测中化妆品新原料的，不得免予该产品的毒理学试验。

（三）按照风险评估程序进行完整评估的情形

1.法规 《化妆品安全评估技术导则》

4.风险评估程序

化妆品原料和风险物质的风险评估程序分为以下四个步骤：

4.1 危害识别

基于毒理学试验、临床研究、不良反应监测和人群流行病学研究等的结果，从原料和/或风险物质的物理、化学和毒作用特征来确定其是否对人体健康存在潜在危害。

4.1.1 健康危害效应。根据产品的使用方法、暴露途径等，确认原料和/或风险物质可能存在的健康危害效应，主要包括：

（1）急性毒性：包括经口和/或经皮接触后产生的急性毒性效应。

（2）刺激性/腐蚀性：包括皮肤和/或眼刺激性/腐蚀性效应。

（3）致敏性：主要为皮肤致敏性。

（4）光毒性：紫外线照射后产生的光刺激性。

（5）光变态反应：重复接触并在紫外线照射下引起的反应。

（6）遗传毒性：包括基因突变和染色体畸变效应等。

（7）重复剂量毒性：连续暴露后对组织和靶器官所产生的功能性和/或器质性改变。

（8）生殖发育毒性：对亲代的生殖功能、妊娠母体机能、胚胎发育、胎儿出生前、围产期和出生后结构及功能的有害作用。

（9）慢性毒性/致癌性：正常生命周期大部分时间暴露后所产生的毒性效应及引起肿瘤的可能性。

（10）其他：有吸入暴露可能时，需考虑吸入暴露引起的健康危害效应。

2.案例　产品安全评估报告表2各成分的安全评估（表9-9）。

表9-9　成分未按照风险评估程序进行完整评估的案例

序号	中文名称	含量（%）	《化妆品安全技术规范》要求	权威机构评估结论	本企业原料历史使用量（%）	最高历史使用量（%）	评估结论	参考文献
32	氧化聚乙烯	0.278397					美国食品药物管理局（FDA）CFR21172.260规定该物质可安全地用作食品添加剂且该物质在EPA更安全的化学品原料目录（SaferChemical Ingredients List）f标记为绿色圆形《根据当前的实验和数据，该化学品已被证实是低关注度的）。因此可认为该原料在本产品中的应用是安全的。	16

参考文献：

16.https://pubchem.ncbi.nlm.nih.gov/compound/24847855#section=FDA-Indirect-Additives-used-in-Food-Contact-Substances

3.解析　产品安全评估报告中，氧化聚乙烯的评估资料不足以支持配方用量下的安全性，缺少急性经口或经皮毒性、遗传毒性（至少应当包括一项基因突变试验和一项染色体畸变试验）、重复剂量毒性等毒理学终点的评估资料及暴露量、MoS值的详细计算过程等。应按照《化妆品安全评估技术导则》的原则和要求进行评估。

注：该产品进行了多次皮肤刺激试验、致敏性试验、光毒性试验，且试验符合要求，氧化聚乙烯在进行评估时可以参考以上三项毒理学终点。

四、风险物质识别和评估应符合要求

（一）《化妆品安全技术规范》有限制要求的原料，质量规格证明文件应符合《化妆品安全技术规范》要求

1. 法规

（1）《化妆品安全技术规范》（表9-10）

表9-10　化妆品限用组分（表3）序号11

序号	物质名称			限制			标签上必须标印的使用条件和注意事项
	中文名称	英文名称	INCI名称	适用及（或）使用范围	化妆品使用时的最大允许浓度	其他限制和要求	
11	三链烷胺，三链烷醇胺及它们的盐类	Trialkylamines, trialkanolamines and their salts		（a）驻留类产品	（a）总量2.5%	不和亚硝基化体系（Nitrosating system）一起使用；避免形成亚硝胺；最低纯度：99%；原料中仲链烷胺最大含量0.5%；产品中亚硝胺最大含量50μg/kg；存放于无亚硝酸盐的容器内	
				（b）淋洗类产品			

（2）《化妆品安全评估技术导则》

7.1.2 按照风险评估程序对化妆品中的各原料和/或风险物质进行风险评估。使用《技术规范》中的限用组分、准用防腐剂、准用防晒剂、准用着色剂和准用染发剂列表中的原料、有限制要求的风险物质应满足《技术规范》要求；国外权威机构已建立相关限量值或已有相关评估结论的原料和/或风险物质，可采用其风险评估结论，如不同的权威机构的限量值或评估结果不一致时，根据数据的可靠性和相关性，科学合理地采用相关评估结论。

（3）国家药监局关于实施《化妆品注册备案资料管理规定》有关事项的公告（2021年第35号）

三、关于化妆品原料安全相关信息的报送

自2021年5月1日起，注册人备案人申请注册或者进行备案时，应当填报

产品配方原料的来源和商品名信息，其中涉及《技术规范》中有质量规格要求的原料，还应当提交原料的质量规格证明或者安全相关信息。

（4）《国家药监局关于进一步优化化妆品原料安全信息管理措施有关事宜的公告（2023年第34号）》

化妆品注册人、备案人在产品注册备案时，可根据产品配方所使用原料的实际情况，选择以下方式报送化妆品原料安全信息资料：

（一）原料生产商已经在原料平台登记并取得原料安全信息报送码的，化妆品注册人、备案人应当直接填报该原料的报送码。化妆品注册人、备案人还应当向原料生产商索要该原料相应的原料安全信息资料存档备查；

（二）原料生产商尚未在原料平台登记并取得原料安全信息报送码的，化妆品注册人、备案人可通过化妆品注册备案信息服务平台自行填报该原料的原料安全相关信息资料，并上传加盖注册人、备案人印章的纸质资料扫描件。企业自行填报的原料安全信息资料的相关证明性材料，如原料生产商提供的原料质量规格证明文件、所查阅的文献资料、相关研究试验数据等，由注册人、备案人存档备查；

（三）产品配方所使用原料中仅部分原料已有安全信息报送码的，化妆品注册人、备案人可分别按照上述要求，同时采取填报报送码和自行填报原料安全信息资料的方式进行报送。

化妆品注册人、备案人应当对原料生产商提供的报送码及相应的原料安全信息内容的真实性、完整性进行审核和评价。认为真实性存在问题的，该原料不得使用；认为完整性存在问题的，化妆品注册人、备案人可补充收集相应的原料安全信息资料，并通过自行填报的方式进行原料安全信息资料的报送，同时对该原料报送码存在的问题予以说明。

2. 案例 三乙醇胺的质量规格证明文件未包含《化妆品安全技术规范》规定的项目"亚硝胺、仲链烷胺"。

3. 解析 三乙醇胺（图9-11），化学式：$C_6H_{15}NO_3$，属于《化妆品安全技术规范》限用组分（表3）中的11号物质三链烷胺，三链烷醇胺及它们的盐类，该原料其他限制和要求：不和亚硝基化体系一起使用；避免形成亚硝胺；最低纯度：99%；原料中仲链烷胺最大含量0.5%；产品中亚硝胺最大含量50mg/kg；存放于无亚硝酸盐的容器内。备案人提交该原料的质量规格证明或者安全相关信息应包括原料纯度、原料中仲链烷胺含量、产品中亚硝胺含量和存放容器等关键信息。

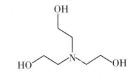

图9-11　三乙醇胺结构式

（二）按照《化妆品安全技术规范》要求提供原料质量规格证明的、产品或原料检验报告的，且经查询后无其他证据的（如原料安全相关信息未载明原料限制要求）

1.法规

（1）《化妆品安全技术规范》（表9-11）

表9-11　化妆品限用组分（表3）序号7

序号	物质名称			限制			标签上必须标印的使用条件和注意事项
	中文名称	英文名称	INCI名称	适用及（或）使用范围	化妆品使用时的最大允许浓度	其他限制和要求	
7	聚丙烯酰胺类	Polyacrylamides		（a）驻留类体用产品		（a）产品中丙烯酰胺单体最大残留量0.1mg/kg	
				（b）其他产品		（b）产品中丙烯酰胺单体最大残留量0.5mg/kg	

（2）《化妆品安全评估技术导则》

7.1.2　按照风险评估程序对化妆品中的各原料和/或风险物质进行风险评估。使用《技术规范》中的限用组分、准用防腐剂、准用防晒剂、准用着色剂和准用染发剂列表中的原料、有限制要求的风险物质应满足《技术规范》要求；国外权威机构已建立相关限量值或已有相关评估结论的原料和/或风险物质，可采用其风险评估结论，如不同的权威机构的限量值或评估结果不一致时，根据数据的可靠性和相关性，科学合理地采用相关评估结论。

（3）国家药监局关于实施《化妆品注册备案资料管理规定》有关事项的公告（2021年第35号）

三、关于化妆品原料安全相关信息的报送

自2021年5月1日起，注册人备案人口请注册或者进行备案时，应当填报产品配方原料的来源和商品名信息，其中涉及《技术规范》中有质量规格要求的原料，还应当提交原料的质量规格证明或者安全相关信息。

2.案例

【案例1】配方中含有原料聚季铵盐–7，未提供丙烯酰胺单体的检测报告或原料质量规格信息。

【案例2】

××润肤霜产品配方添加1%的聚季铵盐–7，原料质量规格显示丙烯酰胺单体的控制指标为<1%。

3.解析

聚季铵盐–7（图9–12），化学式：$(C_8H_{16}ClN)_n \cdot (C_3H_5NO)_m$，属于《化妆品安全技术规范》限用组分（表3）中的7号物质聚丙烯酰胺类。因此，备案人可通过原料质量规格或原料安全信息文件对风险物质进行评估；也可通过原料或者产品中的风险物质含量的检验报告配合相应质量管理措施的方式进行评估，以确保产品符合《化妆品安全技术规范》要求。案例2中产品含有1%的聚季铵盐–7，其提供的该原料质量规格证明材料中丙烯酰胺单体的控制指标为<1%，经计算产品中的丙烯酰胺单体含量不能满足驻留类体用产品中丙烯酰胺单体最大残留量0.1mg/kg的要求。

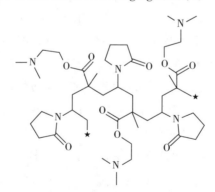

图9–12　聚季铵盐–7结构式

（三）对可能含有的风险物质识别与评估有误，且无其他资料证明产品安全性的

1.法规　《化妆品安全评估技术导则》

2.1　原料的安全性是化妆品产品安全的前提条件。化妆品原料的风险评估包括原料本身及可能带入的风险物质；化妆品产品一般可认为是各种原料

的组合，应基于所有原料和风险物质进行评估，如果确认某些原料之间存在化学和/或生物学等相互作用的，应评估其产生的风险物质和/或相互作用产生的潜在安全风险。

2.5 化妆品注册人、备案人应自行或委托专业机构开展安全评估，形成安全评估报告，并对其真实性、科学性负责。

6.1.1 按照风险评估程序对化妆品原料和/或其可能存在的风险物质进行评估，保障原料使用的安全性。

6.1.6 对于化学结构明确，且不包含严重致突变警告结构的原料或风险物质，含量较低且缺乏系统毒理学研究数据时，可参考使用毒理学关注阈值（TTC）方法进行评估，但该方法不适用于金属或金属化合物、强致癌物（如黄曲霉毒素、亚硝基化合物、联苯胺类和肼等）、蛋白质、类固醇、高分子质量的物质、有很强生物蓄积性物质以及放射性化学物质和化学结构未知的混合物等。

6.1.7 对于缺乏系统毒理学研究数据的非功效成分或风险物质，可参考使用分组/交叉参照（Grouping/Read Across）进行评估。所参照的化学物与该原料或风险物质有相似的化学结构，相同的代谢途径和化学/生物反应性，其中结构相似性表现在：（1）各化学物质具有相同的官能团（如醛类、环氧化物、酯类、特殊金属离子物质）；（2）各化学物质具有相同的组分或被归为相同的危害级别，具有相似的碳链长度；（3）各化学物质在结构上（如碳链长度）呈现递增或保持不变的特征，这种特征可以通过观察各化学物质的理化特性得到；（4）各化学物质由于结构的相似性，通过化学物质或生物作用后，具有相同的前驱体或降解产物可能性。

7.1.2 按照风险评估程序对化妆品中的各原料和/或风险物质进行风险评估。使用《技术规范》中的限用组分、准用防腐剂、准用防晒剂、准用着色剂和准用染发剂列表中的原料、有限制要求的风险物质应满足《技术规范》要求；国外权威机构已建立相关限量值或已有相关评估结论的原料和/或风险物质，可采用其风险评估结论，如不同的权威机构的限量值或评估结果不一致时，根据数据的可靠性和相关性，科学合理地采用相关评估结论。

8.2 化妆品产品的安全评估报告

化妆品产品的安全评估报告通常包括摘要、产品简介、产品配方、配方设计原则（仅针对儿童化妆品）、配方中各成分的安全评估、可能存在的风险物质评估、风险控制措施或建议、安全评估结论、安全评估人员签名及简历、参考文献和附录等内容。

9.1.5　对于无法使用上述任一证据类型的原料和／或风险物质，应按照本导则要求的评估程序进行评估证明其安全性。

10.3　风险物质（Risk Substance）

化妆品中可能存在的安全性风险物质是指由化妆品原料带入、生产过程中产生或带入的，可能对人体健康造成危害的物质。

2.案例

【案例1】见表9-12。

表9-12　未正确识别原料风险物质案例1

序号	原料中文名称	可能含有的风险物质	备注
1	水	×	/
2	丁二醇	×	/
3	泊洛沙姆407	×	/
4	聚季铵盐-37	×	/

未识别风险物质

【案例2】见表9-13。

表9-13　未正确识别原料风险物质案例2

原料	风险物质	结论
羟甲基甘氨酸钠	无	此成分属于《化妆品安全技术规范》(2015年版)中规定的准用防腐剂(表4)，在化妆品中的最大允许使用浓度为0.5%，该成分在产品中的总添加量(总添加量为0.25%)小于限值，且本产品不是喷雾产品，符合要求，因该原料不存在安全性风险物质，故认为该成分不会对人体健康造成潜在的危害。

未识别风险物质

【案例3】见表9-14。

表9-14　未正确识别原料风险物质案例3

序号	原料中文名称	可能含有的风险物质	备注
21	聚丙烯酸钠	×	经识别不含安全性风险物质
	C18-21烷	×	经识别不含安全性风险物质

续表

序号	原料中文名称	可能含有的风险物质	备注
21	十三烷醇聚醚-6	二噁烷	二噁烷残留量符合《化妆品安全技术规范（2015年版）》中要求的化妆品中二噁烷限量值不超过30mg/kg规定。本产品二噁烷检测结果符合标准要求，所以本产品是安全的。详见附录

风险物质识别不全

3.解析

【案例1】原料"泊洛沙姆407"未识别可能存在的风险物质"二噁烷、二甘醇"并进行评估。

【案例2】原料"对羟甲基甘氨酸钠'未识别可能存在的风险物质"游离甲醛"并进行评估。

【案例3】原料"十三烷醇聚醚-6"未识别可能存在的风险物质"二甘醇"并进行评估。

常见风险物质清单见表9-15。

表9-15　常见风险物质清单

序号	风险物质	需要评估的原料
1	二噁烷	含有乙氧基结构的原料:聚乙二醇（PEG）类、聚山梨醇酯类、PEG脂肪酸酯类、脂肪醇聚醚类、苯氧乙醇、泊洛沙姆等
2	石棉	滑石粉
3	游离甲醛	含有甲醛及甲醛缓释体类的原料:咪唑烷基脲、DMDM乙内酰脲、双（羟甲基）咪唑烷基脲、羟甲基甘氨酸钠、2-溴-2-硝基丙烷-1,3二醇、5-溴-5硝基-1,3-二噁烷等
4	甲醇	乙醇、变性乙醇、异丙醇等
5	二甘醇	甘油、丙二醇、乙二醇, 乙氧基二甘醇, 丁氧基双甘醇、二乙氧基二甘醇、二甘醇二苯甲酸酯、二甘醇二异壬酸酯、泊洛沙姆、聚乙二醇（PEG）类、聚山梨醇酯类、PEG脂肪酸酯类、脂肪醇聚醚类、聚酯-1、聚酯-5等
6	苯酚	苯氧乙醇
7	丙烯酰胺	以丙烯酰胺为起始原料合成的聚合物:丙烯酰胺/丙烯酸钠共聚物、丙烯酰胺/丙烯酸胺共聚物、丙烯酰胺/丙烯酰基二甲基牛磺酸钠/丙烯酸共聚物、聚丙烯酰胺、聚丙烯酸酯-7、聚丙烯酸酯-10、聚丙烯酸酯-13、聚季铵盐-7、聚季铵盐-32、聚季铵盐-33、聚季铵盐-39、聚季铵盐-43、聚季铵盐-53、聚季铵盐-63等

续表

序号	风险物质	需要评估的原料
8	《规范》中有限制要求的原料	（1）单链烷胺、单链烷醇胺及它们的盐类:氨丁三醇、氨甲基丙醇、吡罗克酮乙醇胺盐、乙醇胺等; （2）三链烷胺、三链烷醇胺及它们的盐类:三乙醇胺、乳酸TEA盐等; （3）脂肪酸双链烷酰胺及脂肪酸双链烷醇酰胺:椰油酰胺DEA、月桂酰胺DEA等; （4）需清楚全部精炼过程才能够证明所获得的物质不是致癌物的物质,如矿脂等
9	农药残留	仅经机械加工的植物原料

注：以上清单仅供参考，具体风险物质应根据原料的生产工艺确定。

（四）其他未提供证明资料的情形，如未提供风险物质质量规格等

1.法规 《化妆品安全评估技术导则》

2.1 原料的安全性是化妆品产品安全的前提条件。化妆品原料的风险评估包括原料本身及可能带入的风险物质；化妆品产品一般可认为是各种原料的组合，应基于所有原料和风险物质进行评估，如果确认某些原料之间存在化学和/或生物学等相互作用的，应评估其产生的风险物质和/或相互作用产生的潜在安全风险。

8.2　化妆品产品的安全评估报告

化妆品产品的安全评估报告通常包括摘要、产品简介、产品配方、配方设计原则（仅针对儿童化妆品）、配方中各成分的安全评估、可能存在的风险物质评估、风险控制措施或建议、安全评估结论、安全评估人员签名及简历、参考文献和附录等内容。

参考格式详见附录2，化妆品产品安全评估报告（完整版）示例见附录3，化妆品产品安全评估报告（简化版）示例见附录4。

2.案例 产品安全评估报告——各成分的安全评估见表9-16。

表9-16　各成分的安全评估案例

序号	中文名称	含量（%）	《化妆品安全技术规范》要求	权威机构评估结论	本企业原料历史使用量（%）	最高历史使用量（%）	评估结论	参考文献
2	甘油	6		美国CIR评估结果显示，驻留类化妆品浓度78.5%时，在化妆品中的使用是安全的			该原料使用浓度低于已获批准驻留类化妆品中最高历史曾用量，可安全使用	3

产品安全评估报告——化妆品中安全性风险物质危害识别见表9-17。附录见图9-13。检验报告见图9-14。

表9-17 化妆品中安全性风险物质危害识别案例

序号	原料中文名称	可能含有的风险物质	备注
2	甘油	二甘醇	欧洲消费者安全科学委员会（SCCS）关于二甘醇杂质的意见中，浓度不超过 0.1%时，其在化妆品中的存在是安全的，具体资料见附录。

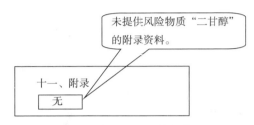

图9-13 产品安全评估报告附录

		理化检验结果			
检验项目	单位	检验结果	检验方法	方法检出浓度	限值
汞	mg/kg	＜0.001	第四章 1.2 第一法 氢化物原子荧光光度法	0.001	≤1
铅	mg/kg	＜1.5	第四章 1.3 第二法 火焰原子吸收分光光度法	1.5	≤10
砷	mg/kg	＜0.04（定量浓度0.04）	第四章 1.4 第一法 氢化物原子荧光光度法	0.01	≤2
镉	mg/kg	＜0.18	第四章 1.5 火焰原子吸收分光光度法	0.18	≤5
（本页以下空白）					

图9-14 检验报告理化检验结果

3.解析 该案例中，甘油识别了风险物质"二甘醇"，但未对该风险物质进行进一步评估或提供相关质量规格或检验报告等，无法判定其是否符合"欧洲消费者安全科学委员会（SCCS）关于二甘醇杂质意见中，浓度不超过0.1%，其在化妆品中的存在是安全的"。

五、儿童及婴幼儿产品应有配方设计原则

1. 法规

（1）《化妆品安全评估技术导则》

2.5　化妆品注册人、备案人应自行或委托专业机构开展安全评估，形成安全评估报告，并对其真实性、科学性负责。

7.5　儿童化妆品评估要求

7.5.1 进行儿童化妆品评估时，在危害识别、暴露量计算等方面，应结合儿童生理特点。

7.5.2 应明确其配方设计的原则，并对配方使用原料的必要性进行说明，特别是香料、着色剂、防腐剂及表面活性剂等原料。

7.5.3 原则上不允许使用以祛斑美白、祛痘、脱毛、除臭、去屑、防脱发、染发、烫发为目的的原料，如因其他目的使用可能具有上述功效的原料时，需对使用的必要性及针对儿童化妆品使用的安全性进行评价。

7.5.4 应选用有较长期安全使用历史的化妆品原料，不鼓励使用基因技术、纳米技术等新技术制备的原料，如无替代原料必须使用时，需说明原因，并针对儿童化妆品使用的安全性进行评价。

8.2　化妆品产品的安全评估报告

化妆品产品的安全评估报告通常包括摘要、产品简介、产品配方、配方设计原则（仅针对儿童化妆品）、配方中各成分的安全评估、可能存在的风险物质评估、风险控制措施或建议、安全评估结论、安全评估人员签名及简历、参考文献和附录等内容。

（2）《儿童化妆品技术指导原则》

2.7.2.2　儿童化妆品配方设计原则

儿童化妆品配方设计应当遵循安全优先、功效必需、配方极简的原则，应当结合儿童生理特点，从原料的安全、稳定、功能、配伍等方面评估所用原料的科学性和必要性，特别是香精香料、着色剂、防腐剂以及表面活性剂等原料。

2. 案例　备案系统内备案申请表项下填报的使用人群为"01婴幼儿02儿童"（图9-15）。

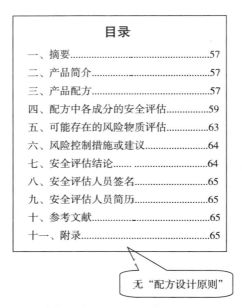

目录

一、摘要...57

二、产品简介..57

三、产品配方..57

四、配方中各成分的安全评估..............59

五、可能存在的风险物质评估.............63

六、风险控制措施或建议....................64

七、安全评估结论.................................64

八、安全评估人员签名........................65

九、安全评估人员简历........................65

十、参考文献...65

十一、附录...65

无"配方设计原则"

图9-15 缺少配方设计原则的儿童化妆品案例

3.解析 与成年人相比，0～1周岁"婴幼儿"的皮肤较薄，皮脂腺较少，发育尚不完善，比表面积更大，皮肤保湿和缓冲能力较差；1～3周岁"婴幼儿"的皮肤结构已趋于完整，但角质层、表皮层仍较薄，皮肤屏障功能尚未成熟，抵御微生物污染和外来物刺激的能力也较弱，更容易发生接触性皮炎等不良反应，并且需要较长时间恢复。因此，儿童化妆品的产品配方设计，应当在安全优先、功效必需的前提下，侗用相对简单的产品配方，减少使用可能含易致敏组分或者有较强刺激性的原料，例如香精香料、着色剂、防腐剂、阳离子表面活性剂、化学防晒剂等。

该产品使用人群为"01婴幼儿 02儿童"，产品安全评估报告中未包括"配方设计原则"，未对配方进行分析，不能确保该产品的安全性、科学性，不符合《化妆品安全评估技术导则》的要求。

注：以上关于产品安全评估资料的要求均基于简化版产品安全评估报告。安全评估资料的相关要求以监管部门发布的最新规定为准。

本章节主要依据《化妆品监督管理条例》《化妆品注册备案资料管理规定》《化妆品安全评估技术导则》等相关要求，从安全评估资料的规范性、原料评估的安全性、安全评估人员资质、风险物质识别与评估、高风险产品的评估等方面阐述了常见问题，对需要重点关注的事项及常见风险物质表单进行了梳理，为化妆品安全评估可参考的依据。

安全评估是一项全新的管理制度，本身专业性、科学性极强，需要大量的毒理学数据作为支撑，而我国的化妆品企业大多数起步较晚，安全评估的意识和能力不足，且缺乏专业的安全评估人员，难以立即全部依照国际同行规则开展评估。结合我国化妆品行业发展实际，创新实施具有中国特色的简化版安全评估报告制度分步提升的做法，指导企业逐步提高安全评估水平，国内化妆品企业的安全评估意识和能力水平普遍提升，生产经营活动稳定有序。

2024年4月22日国家药监局发布了《国家药监局关于发布优化化妆品安全评估管理若干措施的公告（2024年第50号）》，遵循"稳中求进、以进促稳、先立后破"的总体要求，坚持放管结合、科学务实、与时俱进的工作原则，力求在不降低安全标准的前提下，提升行业安全评估的操作性和原料数据的获得性，切实解决化妆品企业在开展安全评估工作存在的堵点、难点问题，推动化妆品行业高质量发展和高水平安全良性互动。

2024年4月30日中检院发布了《化妆品安全评估资料提交指南》等完整版安评系列指导原则，细化技术操作指南，提高原料数据收集使用便利性，促进产品上市提质增速，推动化妆品安全评估制度有序实施。

2024年7月8日中检院发布了《皮肤致敏性整合测试与评估策略应用技术指南》《化妆品稳定性测试评估技术指南》等4项技术指南文件，为化妆品皮肤致敏性整合测试与评估策略的合规应用提供示例，为产品稳定性、防腐体系、包材相容性的评估提供技术指引。